콩닥맘의 쑥쑥 성장 요리

PROLOGUE

엄마의 사랑으로 만든 요리가
아이의 마음까지 쑥쑥 키워줍니다

출산 후에도 계속 다니던 회사를 그만두기로 결심했던 건 딸아이에게 늘 미안하고 부족한 엄마라는 생각이 들어서였어요. 2.5kg, 솜털처럼 작고 가볍게 태어난 아이는 크면서도 또래에 비해 계속 작고 약했었죠. 온전히 육아에 전념하지 못한 엄마 때문인가도 싶고 이 아이를 건강하게 키우기 위해 무언가 내가 할 수 있는 것을 찾아야 되겠다는 생각이 들었어요.
사직서를 내고 돌아오던 길, 마트에 들러 은찬이에게 먹일 음식을 양손 가득 들고 의기양양하게 집으로 향했던 기억이 납니다. '그래, 은찬이가 평균 체

중과 키로 자랄 수 있도록 내 손으로 정성껏 음식을 만들어 먹여야지!' 호들갑을 떨며 이것저것 만들었어요.

그렇게 본격적으로 요리를 시작했던 것 같습니다.

아이의 성장에 좋은 음식, 면역력을 높인다는 음식, 또 은찬이가 좋아하는 음식, 싫어하는 음식 등을 적고 공부해가며 아이가 어떻게 하면 맛있게 잘 먹을 수 있을까 고민했어요.

처음부터 요리를 전공했던 건 아니었지만 실제 상황에 부딪쳐 이렇게 저렇게 만들고 또 만들다 보니 음식에 맛도 나고 저만의 노하우도 제법 생겼답니다. 요리를 할수록 욕심이 나 요즘 몇 가지 전문가 과정을 수료하기도 했어요.

음식을 계속 하다 보니 비싼 유기농 재료라고 해서 무조건 몸에 좋은 것이 아니며 좋다고 소문난 재료나 요리를 따라해 봐도 결국 내 아이가 잘 먹지 않으면 소용없다는 것을 알게 됐어요. 제철에 나는 저렴한 식재료로 그때그때 신선하게 만드는 요리가 최고라는 걸 깨달았어요. 아이에겐 '엄마의 사랑'이라는 양념이 몸은 물론 마음까지도 쑥쑥 자라게 해주는 묘약이라는 것도 알게 되었습니다.

일곱 살이 된 지금 은찬이는 또래 아이들만큼 자랐습니다. 주위 분들이 은찬이가 어떻게 이렇게 컸느냐고 물어보기도 합니다. 한참 클 시기의 아이들은 잘 먹고 잘 자고 운동을 많이 하는 것이 정말 중요한 것 같아요. 그리고 또 한 가지, 아이가 성장하고 있는 지금의 시점에 엄마의 눈높이를 맞춰 관심과 사랑을 쏟아주는 것이 필요합니다. 엄마가 마음을 다해 요리하는 모습을 보며 아이는 사랑받고 있다는 것을 느끼고 밝고 건강한 아이로 자란답니다.

이 책에는 그동안 은찬이 밥상을 차리며 적어두었던 요리들을 담아보았습니다. 실패하면 다시 재료를 수정해 만들며 정리해온 레시피입니다. 거창하고 어려운 레시피는 없어요. 손쉽게 구할 수 있는 재료들로 쉽게 만들 수 있는 요리 위주로 소개합니다. 아이가 몸도 마음도 건강하게 성장할 수 있기를 바라는 엄마들에게 작게나마 도움이 되었으면 하는 바람입니다.

책에 들어갈 요리를 만들고 사진을 찍는 동안 옆에서 늘 좋은 기운을 전해준 남편 이성진 씨, 엄마와 딸이 바뀐 것처럼 사랑으로 나를 껴안아주는 내 딸 은찬이, 응원하고 지지해준 가족 모두에게 감사의 마음을 전합니다.

2013년 봄, 이미영

CONTENTS

BASIC COOKING

콩닥맘이 일러주는
건강한
아이 밥상 차리기

- 10 건강한 기본 재료
- 12 천연 가루 만들기
- 12 엄마표 소스 만들기
- 13 맛내기 국물 만들기
- 15 콩닥맘의 계량법
- 16 똑똑한 요리 도우미, 조리도구

CHAPTER 1

편식 없이 즐겁게!
엄마표 영양 밥

- 20 발아현미치즈주먹밥 크로켓
- 22 부드러운 채소밥전
- 24 현미버섯밥전
- 26 뱅어포주먹밥
- 28 나물밥김말이튀김
- 29 나물김밥
- 30 콩나물밥
- 32 두부참치덮밥
- 34 치즈주먹밥
- 36 파인애플치킨커리
- 38 하이라이스
- 40 브로콜리멸치 밥버무리
- 42 밤조림삼색주먹밥
- 44 네 가지 주먹밥
- 46 단호박새우볶음밥
- 48 단호박호두밥
- 50 파인애플새우볶음밥
- 52 두부김밥
- 54 콩나물김밥과 장조림김밥
- 56 참치채소죽
- 58 잣죽

CHAPTER 2
균형 잡힌 식사 습관!
밥 친구 반찬

- 62 두부멸치조림
- 64 두부미나리무침
- 66 두부조림
- 67 빨간 두부조림
- 68 브로콜리멸치두부전
- 69 뱅어포구이
- 70 새우젓애호박볶음
- 72 애호박전
- 73 미역줄기볶음
- 74 유자청버섯채소볶음
- 76 어린이 깍두기
- 77 단무지무침
- 78 감자전
- 80 감자조림
- 81 허브감자
- 82 감자채커리볶음
- 84 호두땅콩조림
- 86 호두콩자반
- 88 연근우엉볶음
- 90 연근메추리알조림
- 92 연근찹쌀구이
- 93 연근미니피자
- 94 우엉깨무침
- 96 우엉조림
- 98 마늘종어묵볶음
- 100 마늘종마른새우볶음
- 102 시금치땅콩깨소스무침
- 103 취나물볶음
- 104 고사리나물
- 105 도라지나물
- 106 시금치나물
- 107 두부치즈구이
- 108 햄채소달걀말이
- 110 무조림
- 112 팽이버섯전
- 113 오징어파래전
- 114 돼지고기달걀장조림
- 116 쇠고기장조림
- 118 메추리알버섯장조림
- 120 치즈롤돈가스
- 122 찹쌀탕수육
- 124 브로콜리탕수
- 125 표고탕수
- 126 해물녹두전
- 128 단호박치즈크로켓
- 130 두 가지 단호박전
- 132 삼겹살된장구이
- 133 닭고기데리야키조림
- 134 어묵참치볶음
- 136 닭봉오븐구이
- 138 목살달래구이
- 140 삼겹살찜과 영양부추샐러드
- 142 LA갈비구이
- 143 동그랑땡
- 144 굴비커리구이
- 146 레몬버터 가자미구이
- 147 갈치살구이
- 147 유자소스 갈치구이
- 148 꽁치크로켓
- 149 꽁치케첩조림
- 150 삼치강정
- 151 굴튀김

CHAPTER 3
필수 영양소를 한 번 더!
국물 요리

- **154** 시금치된장국
- **156** 바지락된장국
- **157** 일본식 된장국
- **158** 시래기멸치된장국
- **160** 감자달걀국
- **162** 조갯살콩나물국
- **164** 매생이굴국
- **166** 쇠고기뭇국
- **168** 쇠고기미역국
- **170** 들깨미역국
- **172** 달래된장찌개
- **174** 우족탕

CHAPTER 4
엄마와 함께하는
브런치 타임

- **178** 치즈스크램블
- **180** 토마토스크램블
- **182** 채소오믈렛
- **184** 스패니시오믈렛
- **186** 웨지감자
- **188** 감자수프
- **190** 김치파스타
- **192** 냉파스타
- **194** 미트소스 스파게티
- **196** 봉골레파스타
- **198** 브로콜리그라탱

- **200** 연어크림파스타
- **202** 미트볼스파게티
- **204** 레몬팬케이크
- **206** 케이준치킨샐러드
- **208** 과일요구르트샐러드
- **210** 닭가슴살브로콜리파피요트
- **212** 미니고구마핫도그
- **214** 콘샐러드
- **215** 코울슬로
- **216** 리코타치즈
- **217** 자몽젤리

218 콩닥맘의 1주일 식단

이 책에 소개한 요리들을 시작하기 전에

엄마표 요리에 필요한 포인트 몇 가지를 먼저 다뤘습니다.

콩닥맘이 딸을 위해 요리를 해오며 터득한 노하우이니

잘 익혀두고 아이에게 건강한 집밥을 지어주세요.

콩닥맘이 즐겨 사용하는 홈메이드 소스와 천연 양념 레시피, 국물 내기 비법,

요리가 쉽도록 도와주는 스마트한 도구에 관한 이야기입니다.

BASIC COOKING

콩닥맘이 일러주는
건강한 아이 밥상 차리기

건강한 기본 재료

반찬이나 국 한 가지를 만들려고 해도 소금, 설탕, 간장과 같은 기본양념은 꼭 들어가게 되지요. 요즘은 소아 비만이나 당뇨 등을 염려해 소금과 설탕 사용을 자제하려고 하지만 그래도 요리에 이것들이 빠질 수는 없어요. 그렇다면 좀 더 안전한 재료를 골라 건강하게 섭취하는 방법을 알면 좋겠지요? 요리의 기본은 양념! 한 가지씩 제대로 알아봅시다.

소금

설탕

소금은 크게 천일염과 정제염으로 나뉘고, 용도에 따라서는 굵은소금과 꽃소금, 구운 소금, 맛소금, 죽염으로 나눌 수 있어요. 천일염은 바닷물을 원료로 염전에서 만든 소금으로 햇볕과 바람에 의해 자연적으로 만들어져 칼륨과 칼슘, 마그네슘 등의 미네랄이 풍부해요. 천일염을 다시 물에 녹인 뒤 다시 결정화시킨 소금이 바로 꽃소금이에요. 아무래도 가공 과정을 거쳤으니 천일염보다는 미네랄 함량이 낮아요. 굵은소금은 바닷물을 햇빛과 바람으로 건조시킨 염분의 결정체입니다. 꽃소금이나 다른 소금에 비해 짠맛이 강하지요. 예를 들어 파스타면 삶는 물에 꽃소금을 넣으면 너무 많은 양을 사용하게 되지만 굵은소금을 사용하면 조금만 넣어도 된답니다. 배추를 절이거나 장을 담글 때도 굵은소금을 사용하세요. 맛소금은 미네랄 성분은 거의 없는 정제소금에 화학조미료를 더한 소금이에요. 그러니 되도록 맛소금 사용은 자제하고 미네랄이 풍부한 천일염으로 요리하는 것이 몸에 좋겠지요? 천일염은 팬에 볶아 수분을 날리고 밀폐용기에 담아 사용하세요. 믹서에 갈면 입자가 고운 소금이 되니 용도에 따라 만들어 사용하는 것도 좋아요.

정제설탕의 경우 몸속의 칼슘을 밖으로 내보내기 때문에 아이들의 성장을 방해할 수 있어요. 그렇기 때문에 설탕은 유기농 비정제설탕을 사용하는 것이 좋습니다. 정제설탕과는 달리 칼슘, 인, 마그네슘 등 미네랄 성분이 풍부하고 맛과 풍미가 좋아요. 물론 어떤 설탕이라도 너무 많이 사용하면 몸에 좋지 않을 뿐 아니라 아이들이 단맛에 익숙해져 달지 않은 음식은 먹으려 하지 않을 수 있으니 주의해서 사용해야 합니다. 설탕 대용 식품으로는 조청이나 꿀, 매실청 등이 좋아요.

매실청

설탕이 들어가는 요리에 설탕 대신 매실청을 넣으면 설탕이나 물엿의 사용량을 줄일 수 있어 건강에 좋고 음식 맛도 더 잘 낼 수 있어요. 매실의 신맛을 내는 구연산은 당질의 대사를 촉진해 면역력을 높여줍니다. 또한 매실에 풍부한 유기산은 위와 장을 튼튼하게 하지요. 아이가 배탈이 났을 때 매실청을 물에 타서 먹이면 회복에 도움을 줍니다.

간장

일반적으로 요리 레시피에 나와 있는 간장은 보통 진간장을 말해요. 이 책에 나오는 요리에도 간장이라고 표기된 것에는 진간장을 사용했습니다. 모든 요리에 두루 사용되는 진간장은 색이 진하고 뒷맛이 달아 구이나 찜, 조림, 볶음 요리 양념을 만들 때 유용합니다. 국간장은 색이 다소 옅지만 진간장보다 소금 함량이 높아 짠맛이 강해요. 찌개나 국, 전골을 만들 때 사용하고 국간장을 사용할 때는 마지막에 소금과 함께 간을 맞추도록 합니다. 양조간장은 자연 숙성을 통해 만들어진 간장이에요. 맛이 깔끔하고 진간장 대신 사용하면 좋아요.

올리브유와 포도씨유

이 책에서는 두 가지 기름을 주로 사용했어요. 올리브유와 포도씨유입니다. 올리브유는 혈액 속에 좋은 콜레스테롤의 양을 늘리고 나쁜 콜레스테롤의 양은 낮추는, 불포화지방산이 풍부한 좋은 기름입니다. 하지만 향이 강하고 발연점이 낮아 튀김처럼 높은 온도로 조리하는 요리에는 적합하지 않아요. 올리브유는 주로 파스타나 볶음 요리, 샐러드 등에 사용하세요. 포도씨유에는 비타민 E가 풍부하게 들어 있어요. 향이 거의 없고 발연점이 높아 소스나 볶음, 튀김 요리 등에 사용합니다.

통후추

후추는 후춧가루보다 통후추를 사용하는 것이 좋아요. 요리할 때마다 통후추를 바로바로 갈아 넣으면 일반 후춧가루를 사용할 때보다 훨씬 풍미 좋은 음식이 완성됩니다. 통후추를 가는 도구가 없다면 종이타월 위에 통후추를 몇 알 올리고 칼로 다지면 됩니다. 요즘에는 통후추를 바로 갈아서 사용할 수 있는 페퍼밀 용기 제품을 쉽게 구할 수 있으니 편리하게 활용하세요. 이 책의 레시피게 후춧가루라고 표기한 것은 통후추를 갈아서 사용하면 가장 좋고 그렇지 못할 때는 일반 후춧가루를 사용하면 됩니다.

천연 가루 만들기

자연의 재료를 직접 갈아서 만드는 '천연 가루'는 건강한 홈메이드 요리의 필수 재료예요.
진하고 깊은 맛에 영양까지 더해주니 조금 번거롭더라도 천연 가루를 만들어 사용하도록 하세요.
습기가 생기지 않도록 밀폐용기에 넣어 금세 사용할 것은 실온에,
장기간 보관해두고 사용할 것은 냉동실에 보관하는 것이 좋아요.

멸치가루

멸치는 머리와 내장을 먼저 제거합니다. 그다음 기름을 두르지 않고 달군 팬에 올려 살짝 노릇해질 때까지 볶아 작은 믹서나 커터에 넣고 곱게 갈면 됩니다.

새우가루

마른 새우는 이물질을 제거한 후 기름을 두르지 않고 달군 팬에 올려 볶아 작은 믹서나 커터에 넣고 곱게 갈면 됩니다.

표고버섯가루

마른 표고버섯은 껍질 색이 진하고 표면에 금이 가 있는 것으로 골라 손으로 먼저 작게 부숩니다. 그다음 기름을 두르지 않고 달군 팬에 살짝 볶아 작은 믹서나 커터에 곱게 갈아서 사용하세요.

엄마표 소스 만들기

시판하는 소스로 요리할 때 가장 걱정되는 부분이 바로 합성첨가물이지요.
향이나 색, 맛을 내기 위해 사용되는 인공적인 성분들이
특히 성장기 아이들에게 좋지 않은 영향을 미칠까 봐 많은 엄마들이 고민하지요.
그렇다면 방법은 하나! 내 아이가 먹을 음식에 직접 만든 '엄마표 소스'를 사용하면 됩니다.
토마토케첩이나 마요네즈, 맛간장 등을 맛있게 만드는 방법을 알려드릴게요.

엄마표 토마토케첩

재료
토마토 5개, 설탕 2큰술, 식초 1큰술, 소금·후춧가루 조금씩, 월계수잎 1장, 물 ½컵

만들기
1 토마토는 윗부분에 십자로 칼집을 내고 끓는 물에 살짝 데쳐 찬물에 헹군 다음 껍질을 벗겨 굵직하게 썬다.
2 토마토를 냄비에 넣고 물을 부어 약한 불에서 으깨면서 끓인다.
3 ②를 믹서에 곱게 갈아 냄비에 옮겨 담고 설탕과 식초, 소금, 후춧가루, 월계수잎을 넣어 중약 불에서 끓이다가 걸쭉해지면 불을 끈다. 소독해 물기 없이 준비한 밀폐용기에 담아 냉장고에 보관한다. 1주일 정도 보관이 가능하다.

엄마표 마요네즈

재료
달걀 1개, 별도의 달걀노른자 1개분, 화이트와인식초(또는 현미식초) 30g, 올리브유 200ml, 설탕 1큰술, 소금·후춧가루 조금씩

만들기
1 볼에 달걀과 설탕, 소금, 화이트와인식초를 넣고 고루 섞는다.
2 올리브유를 조금씩 넣어가며 재료끼리 잘 유화되도록 고루 섞는다.
3 농도가 되직해지면 후춧가루를 조금 넣고 고루 섞어 밀폐용기에 담는다. 바로 먹거나 냉장고에 2~3일까지 보관할 수 있다.

엄마표 맛간장

재료
간장 300ml, 마늘 4쪽, 양파·배·사과 ½개씩, 조청 4큰술, 굵은 파 1대, 물 200ml

만들기
1 재료들은 모두 깨끗이 손질해 물기를 뺀다.
2 냄비에 간장과 물, 조청을 넣고 고루 섞은 뒤 나머지 재료를 모두 넣고 센 불에 끓인다.
3 양념이 끓어오르면 중간 불로 줄여 5분 정도 끓이다가 양념 맛이 서서히 우러나도록 약한 불로 줄여 20분간 더 끓인 뒤 불에서 내려 식힌다. 면포에 걸러 밀폐용기에 담아 보관한다. 냉장고에서 15일 정도 보관할 수 있다.

맛내기 국물 만들기

국물 요리뿐 아니라 반찬이나 별미밥, 브런치 등을 만들 때도 맛있는 국물이 필요합니다. 열심히 요리를 완성하고 간을 봤는데 뭔가 부족한 것 같을 때 해결 비법은 바로 맛국물입니다. 맛국물에선 감칠맛이 나 소금을 적게 사용할 수 있다는 것도 장점이에요. 가장 일반적인 다시마나 멸치국물, 칼슘과 단백질 보충에 좋은 쇠고기육수, 채소를 잘 먹지 않는 아이들을 위한 채소국물 만드는 방법을 알려드릴게요. 재료의 분량과 비율대로 쉽게 만들어두고 사용하세요. 엄마가 만든 맛국물이라면 조미료 걱정 없이 먹일 수 있으니 레시피를 꼭 기억하세요. 맛국물은 밀폐용기에 담아 냉장고에서 1~2주 정도 보관할 수 있어요. 단, 쇠고기육수는 되도록 3~4일 안에 먹는 것이 좋습니다.

다시마국물

재료
다시마 사방 10cm 2장, 무 ⅙개, 물 10컵

만들기
1 다시마 표면의 흰 가루를 젖은 면포로 닦아내고 찬물에 담가 1시간 정도 불린다.
2 무는 깨끗이 씻어 껍질째 두툼하게 썬다.
3 냄비에 다시마 불린 물과 무를 넣고 중약 불로 끓인다.
4 물이 끓기 시작하면 다시마는 바로 건지고 무는 말갛게 익을 때까지 끓인 다음 국물을 체에 걸러 밀폐용기에 담아 냉장고에 보관한다.

멸치다시마국물

재료
국물용 멸치 20마리, 다시마 사방 5cm 1장, 물 10컵

만들기
1 멸치의 내장과 머리를 제거한 후 기름을 두르지 않고 달군 냄비에 살짝 볶아 수분을 날려 비린내를 없앤다. 다시마는 표면의 흰 가루를 젖은 면포로 닦아낸다.
2 냄비에 물을 넣고 볶은 멸치와 다시마를 넣어 중약 불로 끓인다. 끓이면서 생기는 거품은 걷어낸다.
3 물이 끓기 시작하면 다시마는 건지고 10분 정도 더 끓인 뒤 멸치를 건진다. 그대로 사용하거나 체에 걸러 사용하며 밀폐용기에 담아 냉장고에 보관한다.

채소국물

재료
양파 ¼개, 굵은 파 ⅓대, 당근 ⅕개, 마른 표고버섯 1개, 다시마 사방 5cm 1장, 물 10컵

만들기
1 채소는 깨끗하게 손질해 적당한 크기로 썰고 다시마는 표면의 흰 가루를 젖은 면포로 닦아낸다. 냄비에 채소와 다시마를 넣고 물을 부어 끓인다.
2 물이 끓기 시작하면 다시마를 건지고 채소가 말갛게 익을 때까지 끓인 후 체에 걸러 밀폐용기에 담아 냉장고에 보관한다.

쇠고기육수

재료
쇠고기(양지 또는 사태) 600g, 굵은 파 1대, 양파 ½개, 마늘 5쪽, 물 15컵

만들기
1 고기는 찬물에 1시간 정도 담가 핏물을 뺀다.
2 냄비에 고기와 파, 양파, 마늘을 넣고 물을 부어 끓인다. 한 번 끓어오르면 불을 약하게 줄이고 고기가 부드러워질 때까지 푹 끓인다.
3 다 끓으면 고기는 건져 건더기로 사용하고 국물은 면포에 걸러 차게 식힌 뒤 위에 뜨는 기름을 걷어내고 밀폐용기에 담아 냉장고에 보관한다.

꽁닥맘의 계량법

계량은 요리를 잘하기 위한 기본 조건이에요. 하지만 매번 번계량스푼과 계량컵으로
한 치의 오차 없이 분량을 재기는 어렵겠지요? 집에서는 편하게 숟가락을 사용하세요.
숟가락과 종이컵만 있으면 간편하면서도 제법 정확한 계량이 가능하답니다.
이 책에 나온 요리들도 모두 숟가락과 종이컵으로 양을 가늠했어요.
중요한 건 재료들끼리의 비율이니까요. '큰술'은 집에서 일반적으로 사용하는 밥숟가락이 기준이에요.
'작은술'은 티스푼을 사용하세요. '컵'은 보통 사이즈의 종이컵이면 됩니다.

1컵 = 200ml (= 종이컵 1컵)

똑똑한 요리 도우미, 조리 도구

제가 좋아하고 즐겨 쓰는 조리 도구 몇 가지를 소개합니다.
쉽고 간편하게 요리할 수 있을 뿐 아니라 능률이 오르니 시간도 절약되고 즐겁게 요리할 수 있어요.
요즘은 워낙 똑똑하게 진화된 조리 도구들이 많은데,
이 중에서 자신이 즐겨 하는 요리에 적합한 것들을 골라 몇 가지만 갖춰두세요.
손에 익고 나면 요리할 때 없어서는 안 될 친구 같은 존재랍니다.

오일스프레이

채소탈수기

볶거나 부치거나 튀기는 요리를 할 때는 기름을 많이 사용하게 되지요. 특히 튀김 요리는 한 번 만들 때 엄청난 양의 기름이 들어가 건강 면에서도 부담스럽게 느껴집니다. 오일스프레이는 기름 양을 줄이는 데 한몫 톡톡히 하는 도구예요. 특히 빵가루 튀김 옷을 입힌 재료의 경우 기름에 넣어 튀기지 않고 오일스프레이를 뿌려 오븐에 구우면 좀 더 건강하고 간편하게 요리할 수 있어요. 볶음 요리의 경우에도 팬에 기름을 주르륵 흘려 넣지 말고 오일스프레이로 기름을 팬 바닥에 뿌리거나 재료에 뿌려 볶으면 기름이 한곳에 몰리거나 재료에 과도하게 스며들지 않아 깔끔한 요리가 완성됩니다.

요즘 가장 많이 사용하는 조리 도구 중 하나예요. 여러 가지 채소를 재료로 요리할 때 깨끗이 씻고 난 뒤 물기를 제거하는 과정이 꼭 필요한데, 이때 탈수기를 사용하면 쉽고 빠르게 물기를 없앨 수 있지요. 재료에 물기가 남아 있지 않아야 소스나 양념이 맛있게 스며들어 맛을 제대로 낼 수 있답니다.

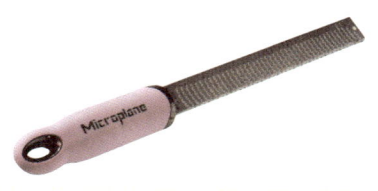

치즈그라인더

파르메산치즈나 초콜릿, 마늘, 생강, 레몬 등을 간편하게 갈 수 있는 도구입니다. 일반 강판보다 더 얇고 빠르게 갈 수 있기 때문에 하나쯤 갖춰두면 정말 편해요.

실리콘주걱

실리콘은 열에 강하고 변형기 없어 뜨거운 재료를 뒤적이거나 냄비나 볼에 남은 양념을 긁어낼 때 아주 편해요. 부드러운 소재라 용기가 긁힐 염려도 없지요. 사이즈별로 큰 것과 작은 것 두 가지 정도 갖춰두면 좋아요.

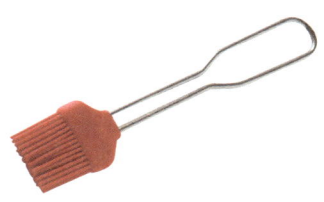

요리용 붓과 솔

요리용 붓은 음식에 적은 양의 기름이나 소스를 바를 때 유용한 도구입니다. 오븐 요리에 많이 사용되고 음식 표면에 윤기를 낼 때도 필요하지요. 요리용 솔은 채소나 어패류 등을 씻을 때 사용해요. 손으로 씻는 것보다 표면의 빈틈 사이사이 흙이나 지저분한 것 등을 싹싹 닦아낼 수 있어 위생적이랍니다.

생선 비늘 벗기는 도구

비늘이 두꺼운 생선은 조리 전에 반드시 비늘을 제거해야 하는데, 칼로 긁어내다 보면 사방으로 비늘이 튀어 여간 불편한 것이 아니에요. 생선 비늘을 벗기는 도구가 있으니 한 번 사용해 보세요. 비늘이 튀지 않고 깔끔하게 벗길 수 있어서 아주 유용한 도구랍니다.

스퀴저

요리에 레몬이나 라임, 오렌지즙을 넣어야 할 때가 있어요. 이럴 때는 스퀴저를 이용해 과즙을 내세요. 여러 가지 소재의 스퀴저가 있으니 취향에 따라 사용하기 편한 것을 선택하세요.

아이들에게는 밥과 친해지는 계기가 필요해요.

매일 똑같은 밥과 국, 반찬으로만 차려주다 보면

싫증을 내거나 편식을 하는 습관이 생길 수 있어요.

아이들은 맛이 없다고 느껴지는 것은 아예 먹으려 하지 않으니까요.

이럴 땐 아이들의 호기심을 자극하고 같은 재료라도

더 맛있게 먹을 수 있는 별미밥을 준비하세요.

한입에 먹을 수 있는 주먹밥이나 김밥,

아이들이 좋아하는 볶음밥이나 튀김을 응용한 밥이 특히 인기랍니다.

CHAPTER 1

편식 없이 즐겁게!
엄마표 영양밥

발아현미치즈주먹밥 크로켓   칼슘+단백질+비타민

★ 재료

발아현미밥 – 1공기
양파 – ¼개
당근 · 피망 – ½개씩
슬라이스체더치즈 – 3장
달걀 – 2개
밀가루 – 1컵
빵가루 – 2컵
파슬리가루 – 1큰술
소금 – 조금
식용유 – 적당량

● 만들어 보세요

1 양파와 당근, 피망은 잘게 다진다. 체더치즈는 주먹밥 속에 넣을 수 있도록 작게 자르고 달걀은 풀어둔다.
2 달군 팬에 식용유를 두르고 당근, 피망, 양파 순으로 넣어 볶는다.
3 볼에 볶은 채소와 발아현미밥을 넣어 섞고 소금으로 간한다.
4 ③의 밥을 작게 한 주먹씩 쥐고 안에 잘게 자른 체더치즈를 넣어 원형으로 빚는다.
5 뭉친 밥에 밀가루를 묻혀 털어낸 다음 달걀물, 파슬리가루를 섞은 빵가루 순으로 튀김옷을 입힌다.
6 팬에 식용유를 넉넉히 붓고 180℃ 온도에서 노릇하게 튀긴 후 체를 받쳐 기름을 뺀다.

🍚 콩닥맘의 요리 메모!

마른 식빵을 믹서나 푸드 프로세서 등에 갈면 쉽게 빵가루를 만들 수 있어요. 시판 빵가루는 수분이 부족해서 속이 익기도 전에 표면이 타기 쉬워요. 빵가루에 물을 살짝 뿌리거나 우유를 조금 넣고 양손으로 비벼 촉촉하게 만든 다음 사용하면 좋아요.

부드러운 채소밥전

칼슘+단백질+비타민

콩댁맘 Talk! Talk!

언젠가 유명한 한정식 집에 갔을 때 아이들을 위해 채소밥전이 나왔는데 겉은 바삭하면서 속은 부드럽고 담백하더군요. 레시피를 물어보니 머랭을 이용해 만든 것이었어요. 달걀흰자머랭으로 식감을 부드럽게 만든 채소밥전은 다양한 채소를 다져 넣어 영양가도 풍부하고 담백해 어른, 아이 모두 좋아하는 메뉴예요.

★ 재료

- 밥 – 1공기
- 새송이버섯 – ½개
- 양파 – ¼개
- 부추 – 20g
- 달걀흰자 – 1개분
- 모차렐라치즈 – 2큰술
- 소금 · 후춧가루 – 조금씩
- 포도씨유 – 적당량

● 만들어 보세요

1. 새송이버섯과 양파, 부추는 잘게 다진다.
2. 달걀흰자는 거품기로 단단하게 거품을 올린다.
3. 볼에 밥과 ①의 채소, 모차렐라치즈를 넣고 골고루 섞은 뒤 ②의 달걀흰자를 함께 섞는다. 소금과 후춧가루로 약하게 간한다.
4. 달군 팬에 식용유를 두르고 한 숟가락씩 더 넣어 노릇하게 익힌다.

현미버섯밥전

비타민+단백질

재료

- 발아현미밥 – ½공기
- 표고버섯 · 새송이버섯 · 팽이버섯 – 60g씩
- 우리밀통밀가루 – 3큰술
- 달걀 – ½개분
- 소금 – 1작은술
- 포도씨유 – 적당량

만들어 보세요

1. 표고버섯, 새송이버섯, 팽이버섯은 모두 잘게 다진다.
2. 볼에 발아현미밥과 다진 버섯, 우리밀통밀가루, 달걀을 넣어 반죽한다.
3. 반죽이 다 되면 부족한 간을 소금으로 맞춘다.
4. 달군 팬에 포도씨유를 두르고 반죽을 한 순가락씩 떠 넣어 노릇하게 지진다.

뱅어포 주먹밥 *칼슘+비타민*

★ 재료
- 발아현미밥 — 1공기
- 뱅어포 — 1장
- 김치 — 80g
- 깨소금 — 2작은술
- 들기름·참기름 — 조금씩
- 소금 — 조금
- 식용유 — 적당량

● 만들어 보세요
1 김치는 속을 털고 송송 썬다.
2 달군 팬에 들기름을 두르고 김치를 볶는다. 신 김치인 경우 설탕을 ½작은술 넣는다.
3 뱅어포는 잡티가 없도록 손질해서 4등분한다.
4 팬에 기름을 넉넉히 두르고 뱅어포를 올려 튀긴다.
5 볼에 발아현미밥을 담고 참기름, 깨소금을 넣고 섞은 후 소금으로 간한다.
6 양념한 밥을 한 입 크기로 손에 쥐고 볶은 김치를 속에 넣어 동그랗게 빚는다.
7 튀긴 뱅어포를 한 김 식힌 후 비닐 팩에 넣고 부순다.
8 동그랗게 빚은 밥에 뱅어포가루를 묻힌다.

콩닥맘의 요리 메모!
밥이 식으면 뱅어포가루가 잘 묻지 않으므로 밥이 따뜻할 때 굴려요. 밥을 양념할 때 뱅어포를 넣어 빚는 것도 방법입니다. 뱅어포에는 우유의 10배에 이르는 칼슘이 함유되어 있으니 성장기 아이들에게 필수 식품이지요.

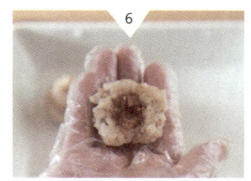

나물밥김말이튀김

철분 + 비타민 + 지방

★ 재료

- 밥 – 1공기
- 고사리나물 – 30g
- 시금치나물 – 30g
- 도라지나물 – 30g
- 조미김 – 1장
- 구운 김 – 2장
- 간장·참기름 – 1작은술씩
- 튀김가루·얼음물 – 1컵씩
- 포도씨유 – 적당량

● 만들어 보세요

1. 명절이나 잔치 후 남은 냉장고 속 나물을 꺼내 잘게 다진다.
2. 조미김은 비닐 팩에 넣고 부순다.
3. 볼에 밥과 다진 나물, 김가루를 넣고 간장과 참기름을 넣어 골고루 섞는다.
4. 구운 김을 4등분한 다음 양념한 밥을 넣고 말아 먹기 좋은 크기로 썬다.
5. 튀김가루와 얼음물을 섞어 튀김옷을 만든다.
6. ④의 김말이에 튀김가루를 먼저 살짝 묻히고 튀김옷을 입혀 180℃ 기름에 튀긴다.

🍲 콩닥맘의 요리메모!

아이들이 평소 잘 먹지 않는 나물을 활용한 메뉴예요. 튀김 반죽은 오래 섞지 말고 흰 가루가 보일 정도로 살짝만 풀어야 바삭한 튀김을 만들 수 있어요.

나물김밥

PLUS RECIPE

'나물밥김말이튀김' 재료를 응용해 '나물김밥'도 만들어보세요.
냉장고 속 재료를 활용할 수 있는 기회이기도 하지요.
시금치나 고사리, 취나물 등의 나물에
단무지, 당근과 같은 채소를 곁들여 만들면 됩니다.

콩나물밥

비타민+아스파라긴산

☆ 재료
불린 쌀 · 물 — 3컵씩
콩나물 — 250g
돼지고기 — 150g

고기양념
간장 · 다진 파 — 1큰술씩
다진 마늘 · 설탕 — ½큰술씩
청주 · 참기름 · 후춧가루 — 조금씩

양념장
간장 — 5큰술
다진 파 — 2큰술
다진 마늘 · 깨소금 · 참기름 — 1작은술씩
물 — 3큰술

● 준비하기
쌀은 깨끗하게 씻어 30분 정도 물에 불린다.

● 만들어 보세요
1. 돼지고기는 잘게 다진 다음 고기양념 재료를 넣고 조물조물 섞어 밑간한다.
2. 콩나물은 손질해 깨끗이 씻는다.
3. 불린 쌀을 솥에 담고 물을 부은 후 양념한 돼지고기와 콩나물을 얹어 밥을 짓는다.
4. 그릇에 밥을 담고 양념장을 곁들인다.

콩닥맘의 요리 메모!
콩나물밥을 지을 때는 압력밥솥보다 일반 전기밥솥이나 냄비, 뚝배기 등을 이용해야 재료나 밥이 너무 무르지 않고 좋아요. 콩나물에서 나오는 수분을 고려해 밥물은 조금 적게 잡아요. 피로에 대한 저항력을 높여주는 아스파라긴산이 풍부해 엄마 아빠에게도 좋은 메뉴랍니다.

두부참치덮밥 DHA+단백질+비타민

★ 재료

밥 – 2공기
두부 – ½모
참치통조림 – 1캔
양파 · 초록 피망 · 붉은 피망 – ¼개씩
굴소스 – 1½큰술
녹말물 – 2큰술
올리브유 – 적당량
물 – 1컵

● 만들어 보세요

1 양파와 피망은 잘게 썬다.
2 참치는 체에 담아 기름을 빼고 두부는 깍뚝썰기 한다.
3 달군 팬에 올리브유를 두르고 양파와 피망을 볶는다.
4 채소가 반쯤 익으면 참치를 넣어 살짝 볶는다.
5 ④에 물을 넣고 끓이다가 굴소스를 넣어 간한다.
6 두부를 넣고 끓이다 마지막에 녹말물을 넣고 빠르게 섞어 농도를 조절한다. 그릇에 밥을 담고 ⑤의 덮밥소스를 끼얹는다.

🥫 콩닥맘의 요리메모!

통조림 참치 대신 다진 고기를 사용하거나 오징어 등을 넣어도 좋아요. 녹말물은 녹말가루와 물을 1:1 비율로 섞어 만들면 됩니다.

치즈주먹밥 칼슘+비타민+단백질

★ 재료

밥 - 1공기
애호박 - 1/3개
당근 - 1/5개
양파 · 붉은 피망 - 1/4개씩
달걀 - 1개
체더치즈 - 30g
모차렐라치즈 · 간장 · 참기름 - 1큰술씩
소금 - 조금
포도씨유 - 적당량

● 만들어 보세요

1 애호박은 깨끗이 씻어 돌려 깎은 후 다지고 당근과 양파, 피망도 곱게 다진다. 달걀은 풀어둔다.
2 달군 팬에 포도씨유를 두른 후 채소를 넣고 소금을 조금 뿌려 볶는다.
3 볼에 밥과 볶은 채소, 간장, 참기름을 넣어 섞는다.
4 모차렐라치즈와 체더치즈를 작게 잘라 섞은 뒤 따뜻할 때 한 입 크기로 동그랗게 빚는다.
5 주먹밥에 달걀물을 입힌 후 달군 팬에 기름을 두르고 돌돌 굴려가며 굽는다.

🍚 콩닥맘의 요리 메모!

달걀물을 입힐 때 밥이 풀어질 수 있으니 오래 담가두지 말고 굽기 전에 살짝만 달걀물을 묻히는 것이 좋아요. 치즈는 아이 요리에 필수 재료랍니다. 우리 몸에 꼭 필요한 칼슘, 단백질, 무기질, 비타민이 우유에 비해 8~10배나 많이 함유되어 있대요!

파인애플치킨커리

비타민+단백질

★ 재료

- 닭가슴살 – 200g
- 파인애플링 – 2개
- 감자 · 양파 – 1개씩
- 당근 · 사과 – ½개씩
- 고형커리 – 120g(또는 커리가루 ½컵)
- 버터 – 1큰술
- 청주 – ½큰술
- 소금 · 후춧가루 – 조금씩
- 포도씨유 – 적당량
- 물 – 4컵

● 만들어 보세요

1. 닭가슴살은 사방 1.5cm 크기로 썰어 청주와 소금, 후춧가루로 밑간한다.
2. 감자, 양파, 당근은 껍질을 벗겨 사방 1cm 크기로 썰고 파인애플도 같은 크기로 썬다.
3. 사과는 깨끗이 씻어 강판이나 믹서로 간다.
4. 냄비에 포도씨유와 버터를 넣고 닭가슴살을 볶아 겉면이 익으면 감자와 당근을 넣고 볶다가 양파를 넣어 함께 볶는다.
5. ④에 물을 붓고 끓이다 한소끔 끓어오르면 거품을 걷어내고 약한 불로 줄여 고기와 채소가 부드럽게 익도록 끓인다.
6. ⑤에 고형커리(또는 물에 갠 커리가루)를 넣고 끓이다 갈아둔 사과와 파인애플을 넣고 3~4분 정도 저어가며 걸쭉하게 끓인다.

🍳 콩닥맘의 요리메모!

아이가 커리 속 채소를 골라내고 먹지 않는다면 고형커리를 넣기 전 볶은 채소의 ⅓을 채소 끓이던 물 1컵과 함께 믹서에 갈아 넣어보세요. 커리를 넣을 때 믹서에 간 채소를 함께 넣어 끓이면 맛도 깊어지고 채소를 싫어하는 아이들에게 쉽게 먹일 수 있답니다.

1

2

3

4

5

6

하이라이스 비타민 +단백질

★ 재료

쇠고기(우둔살) – 150g
사과 · 감자 · 양파 – ½개씩
당근 – ⅓개
붉은 파프리카 ·
노랑 파프리카 – ¼개씩
완두콩 – 2큰술
하이라이스가루 – 100g
버터 – 1½큰술
포도씨유 – 1큰술
물 – 4컵

● 만들어 보세요

1 감자와 당근, 양파는 껍질을 벗겨 사방 1cm 크기로 썰고 파프리카와 쇠고기도 같은 크기로 썬다. 완두콩은 삶아 건져 물기를 빼둔다.
2 냄비에 포도씨유와 버터를 넣고 쇠고기를 볶아 겉면이 익으면 감자와 당근을 넣고 볶다가 양파를 넣어 함께 볶는다.
3 ②에 물 3컵을 붓고 끓이다 한소끔 끓어오르면 거품을 걷어내고 약한 불로 줄여 고기와 채소가 부드럽게 익도록 끓인다.
4 하이라이스가루를 물 1컵에 풀어 개어둔다.
5 채소가 익는 동안 사과를 사방 1cm 정도 크기로 깍둑썰기 한다.
6 ③의 채소가 어느 정도 익으면 하이라이스를 풀어둔 물을 부어 섞는다. 여기에 파프리카와 사과, 삶은 완두콩을 넣어 걸쭉하게 끓인다.

브로콜리멸치 밥버무리 *칼슘+비타민*

★ 재료

잔멸치·브로콜리 — 20g씩
조미김 — 1장
설탕·참기름 — 1큰술씩
소금 — 조금

● 만들어 보세요

1 브로콜리는 잘게 다진다. 조미김은 비닐 팩에 넣어 부순다.
2 마른 팬에 잔멸치를 볶아 비린내를 없앤다.
3 김을 비닐봉지에 넣어 잘게 부순다.
4 달군 팬에 참기름을 두르고 잔멸치를 볶다가 브로콜리와 설탕, 소금을 넣고 살짝 볶아 밥버무리를 만든다.
5 주먹밥을 만들려면 볼에 밥과 밥버무리, 김가루를 넣어 섞은 다음 한 입 크기로 빚는다.

콩닥맘의 요리 메모!

밥버무리를 넉넉하게 만들어 밀폐용기에 담아 냉동실에 두고 주먹밥을 만들 때나 밥을 비벼줄 때 사용하세요. 반찬으로도 아이들이 좋아해요. 단, 눅눅해지면 안 되니 보관 기간이 너무 길지 않도록 하세요.

밤조림삼색주먹밥

단백질+칼슘+철분+탄수화물

★ 재료
- 밤 – 12알
- 밥 – 2공기
- 소금·참기름 – 조금씩

밤조림장
- 물 – 1컵
- 간장 – 3큰술
- 설탕 – 2큰술
- 쌀 조청 – 1큰술
- 참기름 – 1/3큰술

주먹밥옷
- 달걀노른자 – 2개분
- 조미 김(자르지 않은 것) – 1장
- 당근 – 1/4개

● 만들어 보세요

1. 밤은 껍질을 벗기고 색이 변하지 않도록 찬물에 담가두었다가 꺼내 물기를 빼고 4등분한다.
2. 볼에 밤조림장 재료를 모두 넣고 골고루 섞어놓는다.
3. 냄비에 밤과 조림장을 넣고 불에 올려 끓기 시작하면 중약 불로 줄여 국물이 자작해질 때까지 조린다.
4. 삶은 달걀노른자는 체에 눌러 곱게 내리고 당근은 곱게 다진다. 조미 김은 비닐봉지에 넣고 잘게 부순다.
5. 밥에 소금과 참기름을 조금 넣어 간한 다음 밥 분량의 1/3에는 곱게 다진 당근을 골고루 섞는다. 당근 묻힌 밥 속에 밤조림을 하나씩 넣고 동그랗게 빚는다. 나머지 밥도 밤조림을 넣고 동그랗게 빚은 후 잘게 부순 김과 삶은 달걀노른자 옷을 입힌다.

콩닥맘의 요리 메모!
과정 3번에서 만든 밤조림은 반찬으로 먹어도 좋아요.
달콤 짭조름한 밤조림이 아이 입맛에 잘 맞지요.

1

2

3

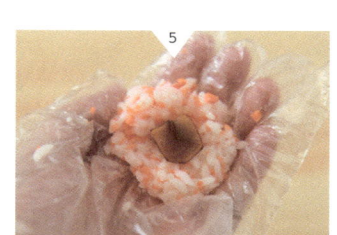

네 가지 주먹밥 쇠고기, 멸치, 견과류, 김치   칼슘+단백질+비타민

★ 재료

쇠고기주먹밥
밥 - ½공기
다진 쇠고기 - 60g
간장·청주 - ½큰술씩
참기름 - ½큰술
설탕 - 1작은술
후춧가루 - 조금
포도씨유름 - 조금

김치주먹밥
밥 - ½공기
김치 - 1줌
설탕 - 1작은술
참기름 - 조금

멸치주먹밥
밥 - ½공기
잔멸치 - 50g
간장·설탕 - ½큰술씩
맛술 - ½큰술
통깨·포도씨유 - 조금씩
물 - 1큰술

견과류주먹밥
밥 - ½공기
잣·아몬드슬라이스 - 1큰술씩
잔멸치볶음 - 1큰술
호두 - ½줌
소금 - 조금

● 만들어 보세요

1 다진 쇠고기는 간장, 설탕, 청주, 참기름, 후춧가루를 넣고 조물조물 밑간한다.
2 밑간한 쇠고기를 기름을 조금 두른 팬에 볶은 뒤 밥과 잘 섞어 동그랗게 주먹밥을 만든다.
3 김치는 속을 충분히 털어내고 송송 썰어 참기름과 설탕에 버무린다.
4 팬에 참기름을 조금 두르고 ③의 김치를 달달 볶아 밥과 함께 버무려 김치주먹밥을 만든다.
5 잔멸치는 기름을 두르지 않은 팬에 타지 않게 볶아 비린내를 없애고 기름을 조금 둘러 볶는다. 불을 끈 다음 바로 간장과 물, 맛술을 섞은 양념장을 부어 볶고 설탕과 통깨를 넣어 골고루 섞은 뒤 밥과 섞어 멸치주먹밥을 만든다.
6 잣과 호두, 아몬드슬라이스는 기름을 두르지 않은 팬에 볶는다.
7 볶은 견과류를 종이타월에 올려 칼로 다지거나 밀대를 이용해 잘게 부순다.
8 밥에 ⑦의 다진 견과류를 넣고 잔멸치볶음을 넣은 뒤 소금을 조금 넣고 고루 섞어 견과류주먹밥을 만든다.

🍚 콩닥맘의 요리 메모!

밥 안에 재료를 넣고 눈사람이나 그 밖의 재미있는 모양으로 아이와 함께 주먹밥을 만들어보세요. 아이가 성취감도 느끼고 신이 나서 좋아합니다.

  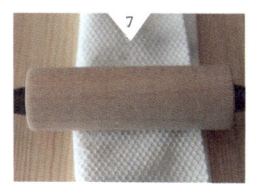 

단호박새우볶음밥

칼슘+비타민+무기질

★ 재료
- 발아현미밥 — 1공기
- 단호박 — 1개
- 새우살 — 80g
- 초록 피망·붉은 피망·양파 — ¼개씩
- 마늘 — 3쪽
- 슬라이스체더치즈 — 1장
- 모차렐라피자치즈 — 1컵
- 소금 — 조금
- 포도씨유 — 적당량

볶음양념장
- 고추장·설탕·맛술 — 1큰술씩
- 토마토케첩 — 2큰술
- 올리고당 — ½큰술
- 다진 마늘 — ½작은술
- 참기름 — 조금

● 만들어 보세요

1. 초록 피망, 붉은 피망과 양파는 작게 썰고 마늘은 편으로 썬다. 새우살은 연한 소금물에 씻는다.
2. 단호박은 껍질째 깨끗하게 문질러 씻고 전자레인지에 2분 동안 돌린 후 윗면에 칼을 넣고 도려내 뚜껑을 만든다. 숟가락으로 단호박 속을 파내고 다시 전자레인지에 2~3분 돌린다.
3. 볶음양념장은 고루 섞어둔다.
4. 팬에 포도씨유를 두르고 약한 불에 마늘을 볶아 향이 나면 양파와 피망을 넣고 소금을 살짝 넣어 볶다가 새우와 양념장을 넣어 빠르게 볶는다.
5. 밥을 넣고 함께 잘 볶은 다음 ②의 단호박 속에 절반가량 넣고 슬라이스체더치즈와 피자치즈를 넣은 뒤 다시 볶음밥을 넣고 슬라이스체더치즈와 피자치즈를 듬뿍 올려 200℃로 예열한 오븐에서 스팀 기능을 이용해 15분 굽는다.

🍲 콩닥맘의 요리 메모!

숟가락으로 속을 파낼 때 보이는 곳만 파내기 쉬운데 위아래 안 보이는 곳까지 골고루 파내야 나중에 호박씨가 듬뿍 들어간 채로 굽지 않게 돼요. 또 단호박 뚜껑을 도려낸 후에는 다시 전자레인지에 2~3분 돌려 절반가량 익혀야 마지막 오븐에 넣었을 때 단호박이 말랑하게 다 익어요. 오븐에서 구울 때는 반드시 스팀 기능을 이용하고 스팀 기능이 없는 경우 물을 컵에 담아 함께 넣어 구워야 단호박의 껍질까지 촉촉하고 맛있게 구워집니다.

단호박호두밥 칼슘+비타민+단백질

⭐ 재료

밥 – 2공기
단호박 – ⅕개
호두 – ⅓컵
소금 · 올리브유 – 조금씩

● 만들어 보세요

1 호두는 끓는 물에 한 번 데쳐 찬물에 헹군 후 200℃ 오븐에 10분간 굽거나 마른 팬에 넣고 약한 불로 볶은 다음 굵게 다진다.
2 단호박은 껍질을 깎고 자른 뒤 숟가락으로 속과 씨를 긁어내고 사방 1cm 크기로 썬다.
3 팬에 올리브유를 살짝 두른 뒤 단호박을 넣고 소금을 조금 뿌려 약한 불에 노릇노릇하게 볶는다.
4 볼에 볶은 단호박과 다진 호두, 밥을 넣고 고루 섞는다.

🥣 콩닥맘의 요리메모!

단호박을 먼저 전자레인지에 2분 정도 살짝 돌리면 보다 쉽게 껍질을 깎거나 썰 수 있어요. 단호박에 풍부한 비타민 C는 가열해도 쉽게 파괴되지 않아 성장기 아이들의 저항력을 기르는 데 효과적인 식품입니다.

파인애플새우볶음밥

칼슘+무기질+비타민

★ 재료

밥 – 1공기
파인애플 · 양파 – ¼개씩
초록 피망 · 붉은 피망 – ¼개씩
새우살 – 80g
당근 – ⅙개
옥수수(통조림) – 2큰술
커리가루 – 1큰술
다진마늘 – ½작은술
소금 · 후춧가루 – 조금씩
포도씨유 – 적당량

● 만들어 보세요

1 파인애플은 통째로 준비한 경우 반을 갈라 칼로 심을 갈라내고 과육에 칼집을 내 파낸다. 파인애플 껍질 부분은 숟가락으로 마저 깨끗이 파내 그릇으로 사용한다.
2 파인애플 과육은 1cm 크기로 썰고 양파와 피망, 당근은 0.5cm 크기로 잘게 썬다.
3 새우살은 옅은 소금물에 헹구고 물기를 뺀다.
4 달군 팬에 포도씨유를 두르고 다진 마늘을 볶다가 양파와 피망, 당근, 새우를 넣고 소금을 조금 넣어 볶는다.
5 ④에 밥을 넣고 물기 뺀 옥수수를 넣어 볶다가 파인애플을 넣고 커리가루를 체에 내려 넣은 뒤 소금과 후춧가루로 간해 볶는다. 부족한 간은 소금과 커리가루로 맞춘다.

🍚 콩닥맘의 요리메모!

굴소스나 피자소스를 약간 가미하면 더 감칠맛을 낼 수 있지만 아이들에게는 굴소스나 피자소스 대신 커리가루로 간을 맞춰주는 게 좋아요. 파인애플은 슬라이스 된 제품을 구입하면 좀 더 편하게 조리할 수 있어요.

두부김밥 비타민+단백질

★ 재료
발아현미밥(또는 잡곡밥) – 1공기
시금치 – 100g
당근 – 40g
두부 – ¼모
김 – 2장
소금·올리브유 – 조금씩
두부조림장
간장·올리고당 – 2큰술씩
물 – 1큰술

● 만들어 보세요
1 시금치는 깨끗이 다듬어 끓는 물에 소금을 조금 넣고 데친 뒤 찬물에 헹구고 물기를 제거한다. 당근은 채 썰어 올리브유를 두른 팬에 넣고 소금을 조금 뿌려 볶은 뒤 식힌다.
2 두부는 길고 도톰하게 썰어 마른 팬에 노릇하게 구워 수분을 날린 뒤 두부조림장을 넣고 약한 불에 조린다.
3 발아현미밥 또는 잡곡밥에 소금을 조금 뿌리고 고루 섞어 간한다.
4 구운 김에 밥을 올린 뒤 조린 두부와 볶은 당근, 시금치를 올리고 돌돌 말아 김밥을 싼다.

콩닥맘의 요리 메모!
취향에 따라 버섯을 볶아 올리거나 다른 채소들을 함께 넣어도 좋아요. 두부를 마른 팬에 구운 뒤 적은 양의 조림장을 부을 때는 불을 끄고 한 김 식힌 뒤 조림장을 붓고 다시 불을 약하게 켠 다음 조리세요. 팬이 한창 달궈져 있는 상태에서 적은 양의 조림장을 부으면 심하게 튀고 바로 타버릴 수 있답니다.

콩나물김밥과 장조림김밥

비타민+단백질

콩닥맘 Talk! Talk!

콩나물무침과 쇠고기장조림 등 평소에 만들어 먹고 남은 반찬으로 간편하게 김밥을 만들어볼까요?
콩나물의 아삭한 식감도, 장조림의 짭조름한 맛도 모두 김밥과 잘 어울린답니다.

★ 재료

- 밥 – 4공기
- 깻잎 – 8장
- 콩나물무침 · 쇠고기장조림 – 150g씩
- 오이 – ½개
- 소금 · 참기름 – 조금씩

● 만들어 보세요

1. 깻잎은 깨끗이 씻어 물기를 제거하고 콩나물은 양념에 무쳐 준비한다.
2. 오이는 굵은소금으로 문질러 씻은 후 돌려 깎아 채 썬다. 쇠고기장조림은 가늘게 찢어 준비한다. (p.116 참조)
3. 밥에 소금과 참기름으로 살짝 간한다.
4. 김발 위에 구운 김을 깔고 밥을 펴 올린 뒤 깻잎을 얹고 콩나물무침을 수북이 올린 다음 돌돌 말아 콩나물김밥을 만든다.
5. 김발 위에 구운 김을 깔고 밥을 펴 올린 뒤 오이와 깻잎을 얹고 장조림을 충분히 올려 돌돌 말아 장조림김밥을 만든다. 각각의 김밥에 참기름을 살짝 바른 후 먹기 좋게 썬다.

콩나물무침

PLUS RECIPE

콩나물 200g, 소금 1작은술, 물 2컵,
양념 국간장 ½큰술, 다진 파½큰술, 다진 마늘 1작은술, 통깨 ½큰술,
참기름 1작은술, 소금 조금

콩나물은 소금을 조금 넣고 끓는 물에 3~4분 삶아 한김 식힌 다음 양념으로 조물조물 무친다.

참치채소죽 칼슘+비타민

★ 재료
- 밥 – 1공기
- 참치통조림 – 1캔(150g)
- 애호박 – ½개
- 당근 – ⅓개
- 검은깨·참기름 – 1큰술씩
- 소금 – ⅓큰술
- 물 – 4컵

● 만들어 보세요
1. 애호박은 돌려 깎아 굵게 다지고 당근도 굵게 다진다.
2. 참치는 체를 받쳐 기름을 뺀다.
3. 냄비에 밥과 물을 넣어 끓인다.
4. ③이 끓으면 다진 호박과 당근을 넣고 함께 끓인다.
5. 물이 절반 정도 줄어들면 참치를 넣고 밥알이 퍼질 때까지 저어가며 끓인다.
6. 소금으로 간하고 참기름과 검은깨를 넣어 마무리한다.

콩닥맘의 요리 메모!
냉장고 속 자투리 채소들에 버섯이나 파프리카와 같이 부족한 영양소를 보충할 수 있는 식품 한 가지만 더해도 훨씬 영양가 있고 맛있는 참치채소죽을 만들 수 있어요.

잣죽

비타민+철분+지방

★ 재료
찹쌀 – 1컵
잣(국산) – ½컵
소금 – 적당량
물 – 5컵

● 만들어 보세요

1 찹쌀은 2시간 이상 불려 소쿠리에 건져놓고 물기를 뺀다.
2 믹서에 잣과 불린 찹쌀, 물 1컵을 넣고 곱게 간다.
3 냄비에 ②와 물 4컵을 넣고 눌어붙지 않게 저어가면서 끓이다 찹쌀이 퍼져서 풀처럼 되면 소금으로 간한 뒤 그릇에 담고 잣을 띄운다.

> **콩닥맘의 요리 메모!**
> 찹쌀을 넣으면 느끼하지 않고 고소한 잣죽을 만들 수 있어요. 찹쌀과 잣을 2:1 비율로 넣으면 고소한 잣죽이 된답니다. 잣은 세포를 활성화시켜 두뇌 발달에 도움을 주니 아이들 영양 간식으로 참 좋은 메뉴랍니다.

'반찬 좀 골고루 잘 먹으면 얼마나 좋을까……?'.

모든 엄마들의 고민일 거예요.

몸에 필요한 영양소를 균형 있게 섭취하는 방법은 밥과 더불어

반찬, 국, 간식 등 다양한 음식과 골고루 친해지는 것이니까요.

아이가 싫어하는 음식을 먹이기란 거의 불가능한 일!

맛과 재료에 익숙해질 수 있도록 다양한 조리법을 활용해보세요.

아이의 편식 습관까지 바꿀 수 있는 엄마표 반찬 비법을 소개합니다.

CHAPTER 2

균형 잡힌 식사 습관!
밥 친구 반찬

두부멸치조림 칼슘+단백질

재료
두부 – ½모
잔멸치 – 15g
양파 · 초록 피망 · 붉은 피망 – ¼개씩
녹말가루 – 3큰술
소금 – 조금
포도씨유 – 적당량

조림장
진간장 – 2큰술
다진 마늘 – 1작은술
설탕 – ½큰술
후춧가루 – 조금
물 – 1컵

만들어 보세요
1 두부는 한 입 크기로 썰어 소금을 뿌리고 잠시 두었다 종이타월로 물기를 제거한다.
2 양파와 피망은 0.5cm 폭으로 썬다.
3 마른 팬을 달군 뒤 잔멸치를 넣고 볶아 비린내를 없앤다.
4 두부에 녹말가루를 골고루 묻혀 기름을 넉넉히 두른 팬에 노릇하게 지진다.
5 볼에 조림장 재료를 모두 넣어 골고루 섞은 뒤 ④의 지진 두부 위에 끼얹고 잔멸치와 양파, 피망을 넣어 조린다.

두부미나리무침

단백질+칼륨+비타민

재료
두부 – 70g
미나리 – 90g
간장·참기름 – 1큰술씩
다진 마늘 – 1작은술
깨소금·소금 – 조금씩
식촛물
물 – 5컵
식초 – 1큰술

만들어 보세요
1 미나리는 잎 부분을 떼어내고 줄기만 다듬어 씻은 뒤 식촛물에 10분 정도 담갔다 건져 질긴 줄기를 잘라내고 3~4cm 길이로 썬다.
2 끓는 물에 소금을 넣고 미나리를 살짝 데친 뒤 건져내 찬물에 재빨리 식히고 물기를 꼭 짠다.
3 두부는 면포로 싸서 물기를 꼭 짠 뒤 칼등으로 곱게 으깬다.
4 으깬 두부와 미나리를 볼에 넣고 간장, 참기름, 다진 마늘, 깨소금을 넣어 버무린다.

콩닥맘의 요리메모!
미나리 대신 시금치나 쑥갓 등 다른 나물로 대체해도 좋아요.

두부조림 단백질+지방

재료
두부 – ½모
소금 – 조금
들기름·포도씨유 – 적당량씩
조림장
간장 – 2큰술
설탕 – 1큰술
청주·깨소금 – ½큰술씩
다진 마늘 – 1작은술
물 – 4큰술

콩닥맘의 요리 메모!
아이 연령과 기호에 따라 양파나 굵은 파 등을 썰어 두부 위에 올리고 조려도 좋아요. 어른을 위한 매콤한 두부조림을 원한다면 아래의 조림장 분량대로 조리하세요.

만들어 보세요
1 두부는 3×4cm 크기로 도톰하게 썰어 소금을 뿌리고 잠시 두었다 종이타월로 물기를 제거한다.
2 볼에 조림장 재료를 모두 넣어 골고루 섞는다.
3 달군 팬에 포도씨유와 들기름을 두르고 두부를 넣어 노릇하게 지진다.
4 지진 두부에 ②의 조림장을 붓고 두부에 끼얹어가며 약한 불에서 은근히 조린다.

빨간 두부조림   PLUS RECIPE

'두부조림'과 만드는 법은 같고 소스만 달리 한
'빨간 두부조림'도 만들어보세요.
매콤한 두부조림은 아빠들도 매우 좋아하는 반찬이지요.

조림장 고춧가루·설탕·청주 1큰술씩, 간장 2큰술, 참기름·통깨 ½큰술씩, 물 4큰술

브로콜리멸치두부전

칼슘+단백질+비타민

재료

두부 — ½모
브로콜리 — 30g
잔멸치 — 15g
파르메산치즈가루 — 2작은술
달걀 — 2개
밀가루 — 3큰술
소금 — 조금
식용유 — 적당량

만들어 보세요

1 두부는 3×4cm 크기로 도톰하게 썰어 소금을 뿌리고 잠시 두었다 종이타월로 물기를 제거한다.
2 마른 팬을 달군 후 잔멸치를 넣고 볶아 비린내를 없앤다.
3 브로콜리는 단단한 부분을 제외하고 잘게 다진다. ②의 잔멸치도 잘게 다진다.
4 볼에 달걀을 풀고 파르메산치즈가루와 다진 브로콜리, 잔멸치를 넣어 섞는다.
5 두부에 밀가루를 묻혀 털어낸 다음 ④에 넣어 달걀옷을 입혀 팬에 식용유를 두르고 노릇하게 굽는다.

뱅어포구이

PLUS RECIPE

뱅어포 2장, 설탕·통깨·포도씨유 적당량씩

1 뱅어포는 이물질을 제거하고 가위를 이용해 3x4cm 크기로 자른다.
2 달군 팬에 포도씨유를 두르고 뱅어포를 튀기듯 앞뒤로 구워낸다. 타지 않도록 살짝만 굽는다.
3 뜨거울 때 넓은 쟁반에 펼쳐놓고 설탕과 통깨를 뿌린다.

새우젓 애호박볶음 단백질+비타민

재료
애호박 - 1개
양파 - ½개
새우젓 · 다진 파 - 1큰술씩
다진 마늘 · 통깨 - 1작은술씩
들기름 - 2큰술

만들어 보세요
1 애호박은 깨끗이 씻어 0.5cm 두께로 반달썰기 하고 양파도 같은 두께로 썬다.
2 새우젓은 곱게 다진다.
3 볼에 ①의 재료와 다진 마늘, 새우젓을 넣고 뒤적여 채소에 새우젓 간이 배고 물기가 적당히 생길 때까지 잠시 둔다.
4 팬에 들기름을 두르고 다진 파와 ③을 넣어 볶는다. 애호박이 부드럽게 익으면 통깨를 뿌려 골고루 섞는다.

종닥맘의 요리메모!
애호박과 양파를 새우젓과 다진 마늘에 재우면 물기가 조금 생기는데, 그때 간이 살짝 배어들어 맛있는 볶음 요리를 완성할 수 있어요.

애호박전 비타민+미네랄

재료

애호박 – 1개
밀가루 – 3큰술
달걀 – 2개
소금 – 조금
포도씨유 – 적당량

만들어 보세요

1 애호박은 0.5cm 두께로 썰어 소금을 조금 뿌려 5분간 절인 뒤 종이 타월로 물기를 제거한다. 애호박 양면에 밀가루를 묻힌 뒤 털어낸다.
2 볼에 달걀을 풀고 소금을 조금 넣어 간한 다음 애호박을 넣어 달걀물을 입힌다.
3 달군 팬에 기름을 두르고 노릇하게 굽는다.

미역줄기볶음 요오드+지방

재료
미역줄기 – 300g
양파 – ½개
맛술·간장 – 1큰술씩
다진 마늘 – ½큰술
소금·후춧가루 – 조금씩
통깨·참기름 – 조금씩
포도씨유 – 적당량

만들어 보세요
1 염장된 미역줄기는 물에 여러 번 헹궈 찬물에 20분 정도 담가 짠 맛을 뺀다. 양파는 가늘게 채 썬다.
2 미역줄기를 끓는 물에 살짝 데쳐 헹군 다음 물기를 꼭 짜고 먹기 좋은 크기로 썬다.
3 오목한 팬에 기름을 넉넉히 두르고 미역줄기를 넣어 볶는다. 미역줄기의 색이 투명하게 변하면 양파를 넣고 함께 볶다가 맛술 1큰술과 다진 마늘 ½큰술, 간장 1큰술을 넣고 볶는다. 소금으로 간하고 마지막에 참기름과 통깨를 뿌려 마무리한다.

유자청버섯채소볶음

비타민+섬유질+엽산

재료
새송이버섯 – 2개
브로콜리 – 50g
붉은 파프리카·노란 파프리카 – ½개
양파 – ½개씩
마늘 – 3쪽
포도씨유 – 적당량

양념장
유자청 – 1큰술
간장 – 2큰술
청주 – 1작은술
통깨 – 조금

만들어 보세요

1 새송이버섯은 세로로 2등분해 도톰하게 썬다. 브로콜리와 파프리카는 한 입 크기로 썰고 양파는 굵게 채 썬다. 마늘은 편으로 썬다.
2 볼에 통깨를 제외한 양념장 재료를 모두 넣어 섞는다.
3 달군 팬에 포도씨유를 두르고 마늘을 볶아 향을 낸다.
4 ③에 버섯과 양파를 넣어 함께 볶는다.
5 양파가 살짝 투명해지면 브로콜리, 파프리카를 넣고 볶다가 ②의 양념장을 넣어 골고루 섞어 볶은 뒤 통깨를 뿌린다.

콩닥맘의 요리 메모!
채소나 버섯 등을 볶아 만든 요리에 설탕 대신 유자청을 사용하면 달콤하고 향긋한 맛이 요리에 더해져요.

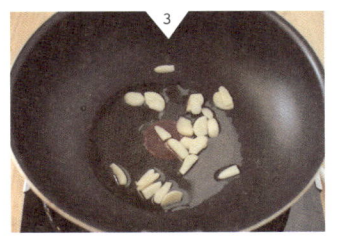

어린이 깍두기

단백질+비타민+미네랄

콩닥맘 Talk! Talk!

아이에게 김치를 먹이려면 매운 고춧가루가 늘 신경 쓰입니다. 그렇다고 매번 물에 씻어주려니 맛이 영 없어지고요. 아이가 먹을 김치에는 붉은 피망을 사용해보세요. 무와 피망만 있으면 아이들이 좋아하는 깍두기가 쉽게 완성됩니다.

재료
무 - ½개
쪽파 - 20g
미나리 - 20g

절임 재료
굵은소금 - 1큰술
설탕 - ½큰술

양념
고춧가루 - 1큰술
붉은 피망 - 1개
새우젓 - 1큰술
소금 - 1작은술
다진 마늘 - ½큰술
다진 생강 - ½작은술
설탕 - ½작은술

만들어 보세요

1 무는 깨끗이 씻어 껍질째 사방 1cm 크기의 정사각형으로 썬다.
2 무에 소금과 설탕을 고루 뿌려 1시간 정도 절이고 그대로 소쿠리에 담아 물기를 뺀다.
3 쪽파와 미나리는 다듬어 씻어 물기를 빼고 3cm 길이로 썬다.
4 새우젓은 건더기만 건져 곱게 다진다.
5 피망은 꼭지를 떼고 믹서에 간다.
6 절인 무에 고춧가루와 피망을 넣고 버무려 빨갛게 물들이고 다진 새우젓과 마늘, 생강을 넣어 버무린다.
7 쪽파와 미나리를 넣어 골고루 섞은 다음 소금과 설탕을 넣어 간한 뒤 용기에 눌러 담는다.

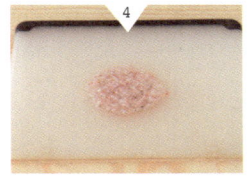

단무지무침

PLUS RECIPE

단무지 150g, 실파 1줄기, 고춧가루 ½큰술, 참기름 ½큰술, 식초 1작은술, 다진 마늘 ½작은술, 깨소금 ½큰술

1 단무지는 종이타월로 물기를 제거한 후 채 썰고, 실파는 송송 썬다.
2 볼에 모든 재료를 넣고 가볍게 무친다.

감자전

칼슘+비타민+탄수화물

재료

감자(중간 크기) – 3개
양파·애호박 – ¼개씩
붉은 파프리카 – ¼개
당근 – ⅙개
소금 – 조금
포도씨유 – 적당량

만들어 보세요

1 감자와 양파는 통째로 강판에 갈거나 깍둑썰기 한 다음 믹서에 함께 간다. 애호박은 돌려 깎아 파프리카, 당근과 함께 작게 다진다.
2 갈아놓은 ①의 감자와 양파를 체에 걸러 건더기와 국물을 분리한다.
3 ②의 받아놓은 국물을 그대로 두어 윗물을 따라버리고 가라앉은 하얀 녹말만 남긴다.
4 체에 건져둔 건더기의 물기를 뺀 다음 ③의 녹말에 함께 담아 소금을 조금 넣고 섞는다.
5 달군 팬에 포도씨유를 두르고 감자반죽을 올린 뒤 ①의 다진 채소를 올려 양면을 노릇하게 부친다.

콩닥맘의 요리 메모!

감자와 양파를 함께 갈면 감자의 갈변이 방지되고 더 맛있는 감자전을 만들 수 있어요. 채소를 감자전에 올릴 때는 반죽이 마르기 전에 재빨리 올리고 손으로 살짝 눌러야 뒤집을 때 채소가 떨어지지 않는답니다.

감자조림 철분+비타민+탄수화물

재료
감자 - 2개
당근 - ¼개
양파 - ½개
다진 마늘 · 소금 - 1작은술씩
올리브유 - 조금
물 - 2컵

양념
간장 - 3큰술
국간장 · 물엿 - ½큰술씩
설탕 · 통깨 - 1큰술씩
버터 - 1작은술
물 - 1컵

만들어 보세요

1 감자, 당근, 양파는 한 입에 먹기 좋은 크기로 썬다.
2 물 2컵에 소금 1작은술을 넣고 감자를 넣은 뒤 4분 정도 끓여 익힌다.
3 팬에 올리브유를 두르고 약한 불에서 다진 마늘을 볶다가 ②의 감자를 넣고 중약 불에서 살짝 볶는다.
4 ③에 간장, 국간장, 설탕을 넣고 물을 감자가 살짝 잠길 만큼 부어 보글보글 끓이다가 양파와 당근을 넣고 졸이면서 조림장이 자작하게 줄어들면 물엿을 넣고 뒤적인다. 마지막에 버터를 넣어 섞고 통깨를 뿌린다.

허브감자   PLUS RECIPE

감자(중간 크기) 2개, 양파 ½개, 베이컨 3줄,
로즈메리(또는 파슬리) · 소금 · 후춧가루 조금씩, 올리브유 2큰술

1 감자는 사방 2cm 크기로 깍둑썰기 한 다음 찬물에 5~10분 정도 담가두어 녹말기를 제거한다. 양파도 감자와 같은 크기로 썬다.
2 감자를 건져 용기에 담고 전자레인지에서 3~4분 돌려 미리 익힌다.
3 베이컨은 1cm 정도 크기로 썰고 로즈메리나 파슬리는 다진다.
4 달군 팬에 올리브유를 두르고 양파를 볶다가 베이컨을 넣고 함께 볶는다.
5 양파가 살짝 투명해지기 시작하고 베이컨이 익으면 미리 익혀두었던 감자를 넣고 소금, 후춧가루로 간한 뒤 다진 로즈메리나 파슬리를 넣어 함께 볶는다.

감자채커리볶음

칼슘+탄수화물+비타민

★ 재료

감자 – 2개
양파 – ½개
굵은 파 – ⅙대
커리가루 – 1큰술
다진 마늘 – ½작은술
소금·통깨·포도씨유 – 조금씩

● 만들어 보세요

1 감자는 껍질을 벗겨 곱게 채 썬 뒤 찬물에 담가 녹말기를 없앤다.
2 양파는 채 썰고 굵은 파는 어슷 썬다.
3 약한 불에 팬을 달군 뒤 기름을 두르고 다진 마늘과 굵은 파를 볶아 향을 낸 다음 양파를 넣어 볶는다.
4 ①의 감자채의 물기를 제거한 뒤 ③에 넣고 소금을 조금 넣어 함께 볶다가 커리가루를 체에 걸러 골고루 뿌리고 함께 볶는다. 마지막에 통깨를 뿌린다.

호두땅콩조림

단백질 + 지방 + 무기질

재료
호두 – 1컵
땅콩 – ½컵
참기름 – 1큰술

조림장
간장 · 물엿 · 설탕 – 2큰술씩
생강즙 · 소금 – 1작은술씩
다진 마늘 – ½큰술
맛술 – 1큰술
물 – 2컵

만들어 보세요

1. 호두와 땅콩은 물에 담가 10분 정도 불리고 건져놓는다.
2. 불린 호두와 땅콩을 냄비에 담고 푹 잠길 정도로 물을 부어 삶는다.
3. 물엿을 제외한 조림장 재료를 냄비에 넣고 바글바글 끓이다 조림장이 끓으면 호두와 땅콩을 넣고 고루 섞으면서 약한 불에서 20분 정도 조린다.
4. 조림장이 자작해지고 땅콩과 호두에 간이 배면 물엿을 넣어 윤기를 내고 불을 끈 후 참기름을 넣고 가볍게 섞는다.

콩닥맘의 요리메모!

호두와 땅콩은 애벌로 한 번 삶아야 조렸을 때 식감이 딱딱하지 않고 간도 쉽게 밴답니다.

호두콩자반 칼슘+단백질+지방

재료
- 서리태 – 1½컵
- 호두 – ⅓컵
- 다시마 5x5cm – 1장
- 통깨 – 1작은술
- 물(다시마 불리기) – 3컵

조림장
- 간장 – 6큰술
- 다시마 우린 물·서리태 불린 물 – 1컵씩
- 설탕 – 4큰술
- 물엿 – 2큰술

준비하기
1. 서리태는 깨끗이 씻어 물에 담가 5~6시간 불린다.
2. 다시마는 젖은 면포로 겉면을 닦은 뒤 찬물에 담가 3시간 정도 불린다.

만들어 보세요
1. 서리태는 깨끗이 씻어 물에 담가 5~6시간 정도 불린다.
2. 다시마는 겉면에 묻은 흰 가루를 젖은 면포로 닦고 찬물에 담가 3시간 정도 불린다.
3. 호두는 끓는 물에 데쳐 불순물을 제거하고 떫은맛을 없앤다.
4. 다시마와 다시마 불린 물을 그대로 냄비에 넣고 끓인다. 물이 끓으면 불을 끄고 다시마는 건져 채 썬다. 이때 다시마물은 버리지 말고 둔다.
5. 냄비에 서리태 불린 물 1컵과 다시마 우린 물 1컵, 불린 서리태를 넣고 끓인다. 서리태가 충분히 익으면 간장과 설탕을 넣어 끓이다 데친 호두를 넣고 국물이 자작해질 때까지 조린다.
6. 불에서 내려 채 썬 다시마와 통깨, 물엿을 넣고 버무린다.

콩닥맘의 요리 메모!
서리태는 불리는 시간에 따라 맛이 달라지는데 5~6시간 정도 불리는 것이 가장 적당해요. 서리태가 덜 익은 상태에서 간장을 넣으면 식감이 딱딱해지기 때문에 완전히 익은 뒤 양념을 넣어 조리세요. 서리태는 신장의 작용을 활발하게 해 뼈의 성장을 도우니 성장기 아이들이 반드시 섭취해야 할 식품입니다.

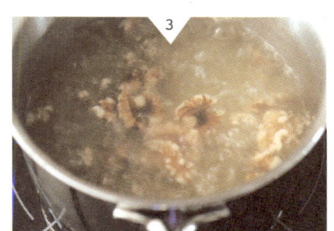

연근우엉볶음

비타민+섬유질

재료
- 우엉·연근 – 100g씩
- 당근 – 50g
- 식초 – 1작은술
- 포도씨유 – 적당량
- 물 – 3컵

양념
- 간장 – 1큰술
- 설탕 – 1½큰술
- 맛술 – 2큰술
- 통깨 – 1작은술

만들어 보세요

1. 우엉은 깨끗이 씻어 칼등으로 껍질을 살짝 벗기고 얇게 어슷썰기 한다.
2. 어슷 썬 우엉은 찬물에 10분 정도 담가두었다 체를 받쳐 물기를 제거한다.
3. 연근은 껍질을 벗겨 0.5cm 두께로 썰고 당근은 반달 모양으로 썬다.
4. 냄비에 물과 식초를 넣고 끓으면 연근을 살짝 데친다.
5. 볼에 통깨를 제외한 양념 재료를 모두 넣고 섞어 양념장을 만든다.
6. 달군 팬에 포도씨유를 두르고 우엉을 볶는다.
7. 우엉이 익으면 연근과 당근을 넣어 함께 볶는다.
8. 채소가 익으면 ⑤의 양념장을 넣어 볶은 뒤 통깨를 뿌려 섞는다.

연근메추리알조림 비타민+단백질+섬유질

재료
연근 – 150g
메추리알 – 100g
식초 – 1작은술
조림장
간장·물엿 – 3큰술씩
맛술 – 2큰술
설탕 – 1큰술
맛국물 – 1컵

만들어 보세요
1 연근은 필러로 껍질을 벗겨 0.5cm 두께로 썬다.
2 메추리알은 삶아 껍데기를 벗긴다.
3 끓는 물에 식초를 넣고 연근을 데쳐 건진다.
4 냄비에 조림장 재료를 모두 넣어 섞은 뒤 끓으면 데친 연근을 넣고 약한 불에서 조리다 메추리알을 넣어 국물이 거의 없어질 때까지 조린다.

연근찹쌀구이 비타민+단백질

재료
연근 — ¼개
찹쌀가루(습식) — ⅓컵
검은깨 — ½큰술
식초 — 1작은술
포도씨유 — 적당량

양념장
간장 — 2큰술
참기름·설탕·깨소금 — 1작은술씩
다진 실파 — 1큰술

콩닥맘의 요리 메모!
마트에서 구입한 찹쌀가루를 사용할 때는 분무기로 물을 충분히 뿌린 다음 연근에 묻히세요. 습식 찹쌀가루가 아닐 경우 수분 함량이 거의 없어 재료에 골고루 묻지 않고 부칠 때 쉽게 타버린답니다.

만들어 보세요
1. 연근은 필러로 껍질을 벗겨 0.5cm 두께로 썬다.
2. 끓는 물에 식초를 넣고 연근을 데친다.
3. 볼에 찹쌀가루와 검은깨를 넣고 섞어 데친 연근에 고루 묻히고 그대로 5분간 둔다.
4. 달군 팬에 포도씨유를 두르고 노릇하게 부친다. 양념장을 곁들인다.

연근미니피자   PLUS RECIPE

연근 20g, 식빵 2장, 토마토소스 1컵, 모차렐라피자치즈 2컵, 물 2컵, 식초 1작은술

1. 연근은 얇게 썰어 끓는 물에 식초를 조금 넣고 살짝 데친다.
2. 식빵을 4등분한 다음 한쪽 면에 버터를 살짝 바르고 마른 팬에 양면을 굽는다.
3. 버터를 바른 한쪽 면에 토마토소스를 바르고 데친 연근을 올린다.
4. 모차렐라피자치즈를 위에 올리고 200℃의 오븐에서 피자치즈가 노릇하게 녹을 때까지 굽는다.

우엉깨무침
비타민 + 섬유질 + 엽산

재료
우엉 - 100g
식초 - 조금
소스
깨소금 - 1큰술
일본된장 - ⅓큰술
설탕·식초 - ½큰술씩
소금 - 조금

만들어 보세요

1 우엉은 깨끗이 씻어 칼등으로 껍질을 살짝 벗기고 어슷썰기 한 뒤 채 썬다.
2 채 썬 우엉은 찬물에 10분 정도 담가둔다.
3 끓는 물에 식초를 조금 넣고 채 썬 우엉을 3분 정도 데친 뒤 체를 받쳐 식힌다.
4 볼에 우엉과 소스 재료를 모두 넣고 조물조물 무친다.

종닥맘의 요리 메모!

우엉은 신진대사에 탁월한 효과를 지닌 식품이에요. 소화를 돕고 몸 안의 노폐물을 걸러내며 섬유질가 풍부해 변비도 예방하지요. 다양한 우엉 반찬을 만들어 아이들 밥상에 올려주세요.

우엉조림

비타민+섬유질+엽산

재료
우엉 – 150g
식초 – 1작은술
포도씨유 – 1큰술

조림장
간장 – 3큰술
설탕 – 1큰술
물엿 – 2큰술
물 – ½컵

만들어 보세요

1. 우엉은 깨끗이 씻어 칼등으로 껍질을 살짝 벗기고 어슷썰기 한 뒤 채 썰어 찬물에 10분 정도 담가둔다.
2. 끓는 물에 식초를 조금 넣고 채 썬 우엉을 3분 정도 데친 뒤 체를 받쳐 식힌다.
3. 볼에 물엿을 제외한 조림장 재료를 모두 넣어 골고루 섞는다.
4. 달군 팬에 포도씨유를 두르고 데친 우엉을 넣어 볶는다.
5. 우엉이 반쯤 익으면 ③을 넣고 끓인다. 끓어오르면 물엿을 넣고 약한 불에서 조린다.

콩닥맘의 요리메모!

우엉을 데칠 때 식초를 넣으면 갈변이 방지되고 우엉 특유의 냄새도 제거됩니다. 우엉을 먼저 데친 다음 양념장에 조리면 보다 식감이 부드러운 조림을 만들 수 있어요.

마늘종어묵볶음 비타민+단백질

콩닥맘 Talk! Talk!
딸과 남편 모두 어묵볶음을 참 좋아하는데 그중에서도 가장 인기 있는 메뉴는 마늘종어묵볶음이랍니다.
마늘기름을 만들어 마늘종과 어묵을 함께 볶아내면 맛도 영양도 쑥쑥 높아집니다.

재료
- 마늘종 – 50g
- 사각어묵 – 3장
- 마늘 – 2쪽
- 간장 – 2큰술
- 올리고당·맛술 – 1큰술씩
- 통깨 – 조금
- 올리브유 – 3큰술

만들어 보세요
1 마늘종은 지저분하고 억센 부분을 잘라내고 씻어 3~4cm 정도 길이로 썬 뒤 끓는 물에 소금을 조금 넣고 살짝 데쳐 찬물에 헹군 다음 물기를 뺀다.
2 어묵은 적당한 크기로 썰어 끓는 물에 살짝 헹구듯 데쳐낸다.
3 마늘은 편으로 썬다. 간장, 맛술, 올리고당을 섞어둔다.
4 약한 불에 팬을 달군 뒤 올리브유를 두르고 마늘을 넣어 달달 볶는다.
5 데친 어묵과 마늘종을 넣고 볶다가 불을 끄고 섞어둔 양념장을 넣은 뒤 다시 불을 켜고 볶다가 통깨를 넣는다.

콩닥맘의 요리 메모!
어묵과 마늘종을 볶다가 양념장을 부을 때는 불을 잠시 꺼서 한 김 식히고 양념장을 부은 뒤 다시 불을 켜 볶으세요. 한참 볶다가 양념장을 부으면 재료가 양념을 골고루 머금기 전에 양념이 일부에만 묻은 채 타버릴 수 있어요.

마늘종마른새우볶음

칼슘+비타민

재료
마른 새우 – 40g
마늘종 – 30g
통깨 – 조금
포도씨유 – 2큰술
볶음양념장
간장·맛술 – 1큰술씩
올리고당 – 2큰술
참기름 – ½큰술

만들어 보세요
1 마른 새우는 큰 가시나 수염을 떼고 마른 팬에 살짝 볶는다.
2 볼에 간장과 맛술, 올리고당, 참기름을 넣고 미리 섞어둔다.
3 마늘종은 깨끗이 다듬어 씻어 3cm 길이로 썬 다음 끓는 물에 소금을 조금 넣고 살짝 데쳐 건져 물기를 뺀다.
4 달군 팬에 포도씨유를 두르고 마른 새우를 볶다가 마늘종을 넣고 함께 볶는다. 새우 겉면에 윤기가 돌면 불을 끈 다음 볶음장을 넣어 재빨리 섞고 통깨를 뿌린다.

시금치땅콩깨소스무침 비타민+지방

재료

시금치 - 150g
구운 땅콩분태 · 참깨 - 2큰술씩
간장 - ½큰술
다진 마늘 - ½작은술
소금 - 조금

만들어 보세요

1 시금치는 다듬어 끓는 물에 소금을 넣고 데친 후 찬물에 헹궈 물기를 뺀다.
2 구운 땅콩분태와 참깨는 함께 분쇄기에 간다.
3 ①의 시금치에 다진 마늘과 간장, ②의 땅콩가루와 참깨가루를 넣고 고루 버무린다.

취나물볶음

비타민+지방

재료
취나물 − 300g
소금 · 통깨 · 들기름 − 조금씩
볶음양념
국간장 − 3큰술
다진 마늘 − ½큰술
다진 파 · 들기름 − 1큰술씩
깨소금 − 조금

만들어 보세요

1 취나물은 줄기 끝의 억센 부분을 잘라내고 물에 깨끗이 씻어 아린 맛을 뺀 뒤 끓는 물에 소금을 조금 넣고 데쳐 찬물에 바로 헹군다. 데친 취나물은 물기를 짜고 먹기 좋게 썬다.
2 취나물에 국간장과 다진 마늘, 다진 파, 깨소금, 들기름을 넣고 조물조물 무친다. 볶기 전에 먼저 양념을 하면 더욱 깊은 맛을 낼 수 있다.
3 팬에 들기름을 살짝 두르고 양념한 취나물을 넣어 볶는다. 마지막으로 통깨를 조금 뿌리고 접시에 담아낸다.

고사리나물
칼슘+칼륨+단백질

재료
고사리 – 170g
다진 마늘 · 다진 파 · 깨소금 – 1작은술씩
국간장 · 들기름 – 1큰술씩
물 – 3큰술

준비하기
마른 고사리를 사용할 경우 끓는 물에 삶아 부드럽게 만든다.

만들어 보세요
1 삶은 고사리는 단단한 줄기를 잘라내고 연한 부분만 물기를 꼭 짜서 4~5cm 길이로 썬다.
2 볼에 국간장, 다진 마늘, 다진 파를 넣어 섞고 고사리를 넣어 조물조물 무친다.
3 달군 팬에 들기름을 두르고 양념한 고사리를 볶다가 물 3큰술을 넣고 뚜껑을 덮어 약한 불로 익힌다. 고사리가 부드럽게 익으면 깨소금을 뿌리고 뒤적인다.

도라지나물

철분+엽산+비타민+단백질

● 재료

도라지 – 200g
다진 마늘·다진 파·깨소금 – 1작은술씩
들기름 – 2큰술
멸치국물 – 6큰술
굵은소금·소금 – 조금씩

● 준비하기

도라지는 껍질을 벗기고 길이로 가늘게 썬 후 물에 한 시간 정도 담가둔다.

● 만들어 보세요

1 물에 담가두었던 도라지는 굵은소금을 넣고 바락바락 주물러 쓴맛을 빼고 맑은 물에 두세 번 헹군다.
2 달군 팬에 들기름을 두르고 도라지와 다진 마늘, 다진 파를 넣고 볶다가 멸치국물을 넣고 뚜껑을 덮어 약한 불로 익힌다. 물이 자작해지면 소금으로 간하고 깨소금을 넣고 살짝 볶아 불을 끈다.

🍲 콩닥맘의 요리메모!

국간장으로 간을 맞춰도 좋지만 색이 어둡게 변할 수 있으니 하얀 도라지나물을 만들려면 소금과 멸치국물로만 간하는 게 좋아요.

시금치나물

철분+비타민

재료

시금치 - 200g
다진 마늘 · 다진 파 · 깨소금 - 1작은술씩
참기름 - ½큰술
소금 - 조금

만들어 보세요

1 시금치는 다듬어 씻는다. 끓는 물에 소금을 넣고 시금치를 뿌리부터 넣어 데친 뒤 찬물에 헹궈 살살 눌러 물기를 짜고 적당한 크기로 가닥을 나눠 5cm 길이로 썬다.
2 볼에 시금치와 다진 마늘, 다진 파, 참기름을 넣어 무치고 소금으로 간한 다음 깨소금을 뿌려 뒤적인다.

콩닥맘의 요리메모!

시금치를 데치는 물은 넉넉히 준비하고, 끓는 물에 시금치를 넣고 젓가락으로 휘휘 저은 뒤 바로 꺼내야 식감이 싱싱하면서 부드럽고 비타민도 파괴되지 않아요. 시금치무침과 같이 채소를 데친 다음에는 물기를 너무 꼭 짜지 마세요. 데친 채소는 조직이 쉽게 물러버린답니다.

두부치즈구이 단백질+칼슘

재료
두부 – ½모
어린이용 칼슘치즈 – 2장
파슬리가루(또는 브로콜리가루) – 조금
소금·포도씨유 – 조금씩

만들어 보세요

1 두부는 3×3×0.8cm 크기로 썰어 소금을 조금 뿌려두었다가 종이타월로 물기를 제거한다.
2 치즈가 차가운 상태일 때 두부 크기에 맞춰 자른다.
3 팬에 포도씨유를 두르고 두부를 올려 한쪽 면을 노릇하게 구워 뒤집은 다음 치즈를 위에 올리고 파슬리가루를 뿌린 뒤 마저 굽는다.

햄채소달걀말이

단백질+칼슘

콩닥맘 Talk! Talk!

달걀말이는 아이들이 잘 먹지 않는 채소를 손쉽게 먹일 수 있는 반찬이에요.
달걀말이 가운데에 아이들이 좋아하는 햄이 잘 보이도록 넣고 채소는 곱게 다져
달걀에 섞어주면 햄과 달걀에 속아 채소까지 잘 먹는답니다.

재료

햄 - 100g
당근 - ¼개
실파 - 2줄기
달걀 - 5개
소금 - 조금

만들어 보세요

1. 햄은 0.5cm 두께로 썰어 끓는 물에 살짝 데쳐 기름기를 뺀다.
2. 당근은 최대한 곱게 다지고 실파는 송송 썬다.
3. 달걀은 소금을 조금 넣어 곱게 풀어놓고 ②의 당근과 실파를 넣고 섞는다.
4. 팬을 달군 다음 약한 불로 줄이고 달걀물의 ⅓ 분량을 부어 익히다가 달걀이 ⅔쯤 익었을 때 햄을 얹어 돌돌 만다.
5. 한 번 말아놓은 달걀은 팬 가장자리로 밀어놓고 다시 남은 달걀물의 ½ 분량을 부어 돌돌 마는 과정을 2회 반복한다.
6. 3회에 걸쳐 달걀물을 나눠 부어 만든 달걀말이를 김발을 이용해 다시 한 번 돌돌 말아 모양을 단단하게 잡은 다음 한김 식혀 적당한 두께로 썬다.

콩닥맘의 요리 메모!

햄이나 소시지 등은 요리하기 전에 살짝 데쳐내도록 하세요. 발색제 등의 색소를 줄일 수 있고 불필요한 기름기도 제거할 수 있어요.

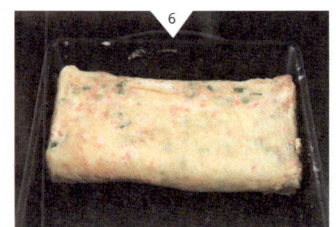

무조림

비타민+섬유질

재료
무(중간 크기) - ⅓개
간장 - 4큰술
설탕·맛술 - 1큰술씩
다시마 사방 5cm - 1장
물 - 1½컵

만들어 보세요
1 무는 껍질째 깍둑썰기 한다.
2 냄비에 무와 물 1½컵, 다시마를 넣고 끓인다.
3 물이 끓기 시작하면 다시마를 건져내고 간장, 설탕, 맛술을 넣어 약한 불에서 국물이 자작해지도록 조린다.

콩닥맘의 요리 메모!
깍둑썰기 한 무의 모서리 부분을 둥글게 깎아내면 좀 더 모양이 예쁜 무조림을 만들 수 있어요.

빨간 무조림   PLUS RECIPE

무(중간 크기) ⅓개, 풋고추·붉은 고추 ½개씩, 굵은 파 ½대, 다시마국물 3컵
양념장 고춧가루·간장 1½큰술씩, 설탕·맛술 1큰술씩, 국간장·다진 마늘 ½큰술씩, 생강즙 ½작은술, 후춧가루 조금

1 무는 세로로 2등분해 1cm 두께로 썬다. 풋고추, 붉은 고추와 굵은 파는 어슷하게 썬다.
2 냄비에 무를 깔고 다시마국물과 양념장 재료를 모두 넣어 끓이다 중간 불로 줄여 조린다.
3 국물이 반쯤 남으면 풋고추, 붉은 고추를 넣고 마지막에 굵은 파를 넣어 한소끔 끓인다.

팽이버섯전 비타민+단백질

재료
- 팽이버섯 – 200g
- 맛살 – 25g
- 당근 – ¼개
- 굵은 파 – ¼대
- 달걀 – 2개
- 소금 – ½작은술
- 식용유 – 적당량

만들어 보세요
1. 팽이버섯은 밑동을 자르고 3cm 길이로 썬다.
2. 맛살은 팽이버섯과 같은 길이로 썰어 가늘게 찢고 당근과 굵은 파는 다진다.
3. 볼에 팽이버섯과 맛살, 다진 당근과 굵은 파를 넣고 달걀을 풀어 섞은 뒤 소금으로 간한다.
4. 팬에 식용유를 두르고 ③을 1큰술씩 떠 넣어 노릇하게 지진다.

오징어파래전   PLUS RECIPE

파래 100g, 오징어 100g, 붉은 고추 ½개, 부침가루 ⅔컵, 튀김가루 ⅓컵, 물 1컵, 식용유 적당량

1. 파래는 흐르는 물에 씻어 물기를 빼고 칼로 3등분한 다음 파래가 너무 뭉쳐 있지 않도록 손으로 풀어준다.
2. 오징어는 내장을 제거하고 깨끗이 손질해 굵게 다진다. 붉은 고추는 씨를 빼고 잘게 다진다.
3. 볼에 부침가루, 튀김가루, 물을 넣고 섞은 다음 파래를 손으로 뜯어 넣고 다진 오징어와 고추를 넣어 골고루 섞어 반죽을 만든다.
4. 달군 프라이팬에 기름을 두르고 반죽을 한 숟가락씩 떠 올려 앞뒤로 노릇하게 부친다.

돼지고기달걀장조림

단백질+비타민+미네랄

재료

돼지고기(안심 또는 등심) – 600g
달걀 – 5~6개
양파 – ¼개
굵은 파 – ½대(줄기 부분)
마늘 – 5쪽
생강 – ½톨
통후추 · 소금 · 식초 – 조금씩
물 – 적당량

조림장
간장 – 80ml
설탕 – 1큰술
청주 – 2큰술
물 – 3컵

만들어 보세요

1. 돼지고기는 찬물에 20~30분 정도 담가 핏물을 뺀다.
2. 냄비에 찬물을 붓고 달걀과 소금, 식초를 넣어 15분 정도 삶아 찬물에서 식힌 뒤 달걀 껍데기를 벗긴다.
3. 냄비에 고기가 잠길 정도의 물을 붓고 양파, 굵은 파, 마늘, 생강, 통후추를 넣어 끓인다. 물이 끓으면 ①의 돼지고기를 넣고 젓가락으로 찔러보아 핏물이 나오지 않을 때까지 삶는다.
4. ③의 끓인 물을 버리고 돼지고기를 건져 찬물에 헹군 뒤 결대로 가늘게 찢는다.
5. 냄비에 조림장 재료를 넣고 끓기 시작하면 고기와 달걀을 넣고 국물이 절반 정도로 줄 때까지 조린다.

> **콩당맘의 요리 메모!**
> 돼지고기장조림은 처음 삶은 국물은 모두 버리고 새로 조림장을 끓여 만들어야 냉장고에 보관해도 기름이 뜨지 않는 깔끔한 장조림을 만들 수 있어요. 또 조린 후 국물이 자작하게 남아 있어야 맛이 더 좋아요.

쇠고기장조림

단백질 + 비타민

재료

쇠고기(우둔살 또는 홍두깨살 또는 사태) – 350g
양파 – ¼개
굵은 파 – ½대(줄기 부분)
마늘 – 4쪽
생강 – ½톨
통후추 – 1작은술
물 – 1200ml

조림장
간장 – 80ml
설탕 · 청주 – 2큰술씩

만들어 보세요

1. 쇠고기는 찬물에 20~30분 정도 담가 핏물을 뺀다.
2. 냄비에 물을 붓고 양파, 굵은 파, 마늘, 생강, 통후추를 넣어 끓기 시작하면 쇠고기를 넣고 충분히 익을 때까지 삶는다.
3. 익힌 쇠고기는 건져내고 고기 끓인 물은 식힌 후 기름을 걷거나 면포에 한 번 걸러 다시 냄비에 담는다.
4. 준비한 쇠고기가 우둔살이나 홍두깨살이면 결 방향대로 잘게 찢고, 사태인 경우 먹기 좋은 크기로 얇게 썬다.
5. ③의 육수에 조림장 재료를 넣고 끓이다 ④의 고기를 넣고 국물이 절반 정도로 줄 때까지 조린다.

콩닥맘의 요리 메모!

쇠고기는 먼저 익힌 후 조림장에 넣고 조리해야 육질이 부드러워요. 돼지고기장조림과 달리 고기 끓인 물을 버리지 않고 면포에 깨끗하게 걸러 그대로 사용합니다.
고기 결을 따라 찢어 먹는 장조림을 만들려면 우둔살이나 홍두깨살을, 쫄깃한 식감을 원한다면 사태를 준비하세요.

메추리알버섯장조림 칼슘+단백질+비타민

재료

메추리알 - 300g
미니 새송이버섯 - 10개
간장 - 5큰술
설탕 - 2큰술
맛술 - 1큰술
다시마국물 - 2컵

만들어 보세요

1 메추리알은 삶아 껍데기를 벗기고 미니 새송이버섯은 한 입 크기로 자른다.
2 냄비에 다시마국물과 간장, 설탕, 맛술을 넣어 끓인다.
3 국물이 끓기 시작하면 ①의 메추리알과 새송이버섯을 넣어 함께 끓인다.
4 메추리알에 간장색이 적당히 배어들 정도로 조린 뒤 불에서 내린다.

콩당맘의 요리메모!

기호에 따라 느타리버섯이나 백만송이버섯 등을 이용해도 좋습니다. 메추리알을 넣지 않고 버섯만 졸이면 짭조름하고 쫄깃한 버섯장조림을 만들 수 있어요.

치즈롤돈가스

단백질+비타민

재료

돼지고기(불고기용얇은 것) – 200g
청피망·붉은 피망 – ½개씩
모차렐라 치즈 – 50g
포도씨유 – 적당량
소금·후춧가루 – 조금씩
돈가스소스(아래 참고) – 적당량

튀김옷
달걀 – 1개
빵가루 – 1컵
밀가루 – 3큰술
소금 – 조금

만들어 보세요

1. 돼지고기는 기름기 없는 얇은 불고기감으로 준비하고 종이타월로 눌러 핏물을 닦은 후 소금, 후춧가루로 한쪽면만 살짝 밑간한다.
2. 피망은 모두 얇게 채 썬다.
3. 돼지고기를 넓게 펴놓고 피망과 모차렐라 치즈를 올린 다음 풀리거나 내용물이 나오지 않도록 양옆을 접어 돌돌 만다.
4. ③에 밀가루, 달걀, 빵가루 순으로 튀김옷을 입혀 180℃ 기름에 노릇하게 튀긴다.
5. 먹기 좋은 크기로 썰어 돈가스소스를 곁들인다.

홈메이드 돈가스소스

PLUS RECIPE

토마토케첩 6큰술, 우스터소스 4큰술, 버터 1큰술, 양파 ½개, 물 1/2컵, 우유 ½컵, 설탕 1큰술, 밀가루(또는 녹말가루) 1작은술, 소금 조금

1. 볼에 토마토케첩과 우스터소스, 설탕, 소금을 넣고 골고루 섞는다.
2. 양파는 잘게 다진다.
3. 달군 팬에 버터를 녹이고 양파를 넣어 볶다가 양파가 투명해지면 ①을 넣고 물과 우유를 넣고 끓인다. 소스가 끓으면 밀가루나 녹말가루를 넣어 농도를 조절한다.

찹쌀탕수육

단백질+비타민+미네랄

재료
돼지고기 등심 – 200g
파인애플 링 – 1개
청주 – 1큰술
소금·후춧가루·찹쌀가루 – 조금씩
사과·파프리카·식용유 – 적당량씩

튀김옷
찹쌀가루·녹말가루 – ½컵씩
달걀 – 1개
물 – ½컵
포도씨유 – ½큰술

소스
설탕·식초 – 3큰술씩
토마토케첩 – 2큰술
간장 – ½큰술
녹말물(녹말:물=1:1) – 2큰술
물 – 1컵

만들어 보세요

1. 돼지고기 등심은 납작하게 썬 뒤 소금, 후춧가루, 청주를 넣고 버무려 밑간한다. 파인애플, 사과, 파프리카는 한 입 크기로 자른다.
2. 볼에 튀김옷 재료의 녹말가루와 물을 섞어 10분간 그대로 둔다.
3. 밑간한 돼지고기에 찹쌀가루를 고루 묻힌다.
4. ②의 윗물을 따라낸 후 가라앉은 녹말에 달걀과 찹쌀가루와 포도씨유를 넣고 골고루 섞어 튀김옷을 만든다. 여기에 ③의 돼지고기를 넣어 튀김옷을 입힌다.
5. ④를 160℃의 기름에서 한 번 튀겨 내고 다시 기름 온도를 180℃로 높여 다시 한 번 튀긴다.
6. 냄비에 녹말물을 제외한 소스 재료를 모두 넣고 섞은 뒤 끓어오르면 파인애플, 사과, 파프리카와 녹말물을 넣고 재빨리 섞어 소스를 만든다. 접시에 튀긴 돼지고기를 담고 소스를 곁들인다.

공닥엄의 요리메모!
튀김옷에는 과정 2번과 같이 볼에 가라앉은 불린 녹말을 사용해야 쫀득한 튀김 요리가 완성됩니다. 튀김옷에 포도씨유를 넣으면 뜨거운 기름 속에서 고기가 수축하는 것을 막아 부드럽게 먹을 수 있어요.

브로콜리탕수

비타민+항산화물질

★ 재료

브로콜리 - 150g
붉은 파프리카 - ¼개
노란 파프리카 - ¼개
녹말가루 - 조금

튀김옷
녹말가루 - ½컵
달걀흰자 - 1개분
물 - ½컵

소스
설탕 - 2큰술
토마토케첩·식초 - 1큰술씩
녹말물(녹말:물=1:1) - 1큰술
소금 - 조금
물 - 1컵

● 만들어 보세요

1 브로콜리는 한입 크기로 썬 다음 소금물에 살짝 데쳐 찬물에 헹군 뒤 종이타월이나 면포로 눌러 물기를 제거한다. 파프리카는 한 입 크기로 썬다.
2 브로콜리에 녹말가루를 고루 묻힌다.
3 볼에 튀김옷 재료의 녹말가루와 물을 섞어 10분간 그대로 둔다.
4 ③의 윗물을 따라낸 후 가라앉은 녹말에 달걀흰자를 넣고 골고루 섞어 튀김옷을 만든다. 여기에 ②의 브로콜리를 넣어 튀김옷을 입힌다.
5 ④를 180℃의 기름에 빠르게 한 번 튀긴다.
6 냄비에 녹말물을 제외한 소스 재료를 모두 넣어 섞은 뒤 끓어오르면 파프리카와 녹말물을 넣고 재빨리 섞어 소스를 만든다. 접시에 튀긴 브로콜리를 담고 소스를 곁들인다.

표고탕수

PLUS RECIPE

표고버섯 5~6개, 밀가루 5큰술, 소금·후춧가루 조금씩, 포도씨유 적당량
튀김옷 녹말가루·물 1컵씩, 달걀흰자 1개분
소스 식초 6큰술, 설탕 4큰술, 간장 2큰술, 녹말물 3큰술, 미니파프리카 3개, 파인애플슬라이스 1개, 물 1컵

1 표고버섯은 기둥을 제거하고 4등분한다.
2 녹말가루와 물을 1:1 비율로 섞어 가라앉히고 윗물을 버린다.
3 ②의 가라앉은 녹말에 달걀흰자를 섞어 튀김옷을 만든다.
4 표고버섯에 밀가루를 골고루 묻히고 ③의 튀김옷을 묻혀 노릇하게 튀긴다. 기름 온도를 조금 더 올려 튀긴 표고버섯을 한 번 더 튀겨낸다.
5 물과 식초, 설탕, 간장을 골고루 섞어 팬에 부은 뒤 보글보글 끓기 시작하면 파프리카와 파인애플을 넣고 녹말물을 빠르게 섞어 소스를 만든다.

해물녹두전 칼슘+단백질

콩닥맘 Talk! Talk!

녹두전을 아이들 입맛에 맞게 해물녹두전으로 바꿔보았어요. 퍽퍽하지 않고 부드러운 데다 입안에서 씹히는 오징어와 새우의 식감이 좋지요. 녹두는 몸에 쌓인 노폐물을 해독하고 식욕을 돋우기 때문에 아이와 어른 모두에게 좋은 식재료예요. 평소 녹두전을 먹지 않던 딸아이도 이렇게 만들어주니 간식으로 무척 좋아한답니다!

재료
깐 녹두 – 1½컵
멥쌀 – 30g
갑오징어 – 100g
새우살 – 80g
부추 – 20g
양파 – ¼개
당근 ⅓개
포도씨유 – 적당량
물 – 2큰술
양념
다진 마늘 – ½큰술
맛술 – 1큰술
소금·후춧가루 – 조금씩

만들어 보세요
1 녹두와 쌀은 5시간 정도 물에 불린다. 불린 녹두는 손으로 비벼가며 남은 껍질을 제거한 다음 불린 쌀과 함께 믹서에 넣고 물을 2큰술 정도 넣어 되직하게 간다.
2 부추는 1cm 간격으로 썰고 양파와 당근은 다진다. 오징어와 새우살은 식감이 느껴지도록 굵게 다진다.
3 볼에 다진 마늘과 맛술, 소금, 후춧가루를 넣고 고루 섞는다.
4 ③에 ①의 갈아놓은 녹두와 멥쌀, ②의 채소와 해물을 넣고 잘 섞는다.
5 달군 팬에 기름을 두르고 반죽을 올려 중약 불에서 노릇하게 익힌다.

단호박치즈크로켓 칼슘+단백질

재료
단호박(또는 늙은호박) – 300g
닭가슴살(통조림) – 150g
슬라이스체더치즈 – 2장
달걀 – 1개
밀가루 – 4큰술
빵가루 – 2컵
파슬리가루 – ½큰술
식용유 – 적당량

만들어 보세요
1 단호박은 전자레인지에 2분간 돌려 껍질을 벗기고 속을 파낸 후 적당한 크기로 썰어 찜통이나 전자레인지를 이용해 찐다.
2 닭가슴살은 물기를 제거하고 잘게 썬다.
3 찐 호박과 잘게 썬 닭가슴살을 볼에 담고 고운 빵가루를 4큰술 정도 넣어 반죽이 될 정도로 되기를 조절한다.
4 ③의 반죽을 적당량 떼어 슬라이스체더치즈를 잘라 안에 넣고 동그랗게 만든다.
5 ④에 파슬리가루를 섞은 빵가루를 넉넉히 묻힌 후 스프레이로 식용유를 뿌리고 200℃로 예열한 오븐에 노릇하게 굽는다.

두 가지 단호박전 칼슘+비타민

재료

단호박전 1
단호박 - 130g(몇 개로!)
부침가루 - 3큰술
물 - 4큰술
포도씨유 - 조금

단호박전 2
단호박 - ¼개
부침가루 - ½컵
검은깨 - 1큰술
소금 - ⅓작은술
물 - ⅔컵
포도씨유 - 조금

만들어 보세요

1 단호박은 속을 긁어내고 껍질을 썰어낸 뒤 1/4개 분량은 0.3cm 두께로 썰고 남은 분량은 적당한 크기로 깍둑썰기 한다.
2 깍둑썰기 한 단호박은 푸드프로세서를 이용해 거칠게 간다.
3 볼에 ②의 단호박과 부침가루 3큰술, 물 4큰술을 넣고 골고루 섞어 반죽한다.
4 0.3cm 두께로 썰어놓은 단호박에 소금을 뿌려 살짝 절인다.
5 볼에 부침가루 ½컵과 물 ⅔컵, 검은깨 1큰술을 섞어 반죽을 만든다.
6 ④의 단호박에 ⑤의 반죽을 묻혀 기름을 둘러 달군 팬에 올려 부친다. ③의 반죽도 함께 부쳐 두 가지 단호박전을 만든다.

삼겹살된장구이

칼슘+단백질

재료
돼지고기 삼겹살 – 450g
상추 – 적당량
식용유 – 조금
소스
된장 – 1½큰술
청주 · 물엿 – 1큰술씩
설탕 · 참기름 · 깨소금 – ½큰술씩
물 – 2큰술

만들어 보세요
1 볼에 소스 재료를 모두 넣고 골고루 섞는다.
2 삼겹살은 한입 크기로 자른 다음 ①의 소스를 넣고 골고루 섞어 냉장고에 한 시간 정도 넣어 재워둔다.
3 팬에 식용유를 조금 두르고 재운 삼겹살을 구운 다음 상추를 곁들여 낸다.

닭고기데리야키조림 칼슘+단백질

🍳 재료
닭다리살 – 300g
쪽파 – 1대
포도씨유 – 적당량
닭고기 밑간
청주 – 2큰술
간장 – 1큰술
생강즙 – 1작은술
데리야키소스
간장·맛술 – 4큰술씩
설탕 – 3큰술
다진 생강 – 1작은술
통후추 – 6~7알
다시마물 – 50ml

🥢 만들어 보세요
1 닭다리살은 한입 크기로 썰어 밑간 재료로 10분 이상 재운다.
2 간장과 맛술, 청주, 설탕, 다진 생강, 다시마물, 통후추를 냄비에 넣고 약한 불에서 끓여 반으로 줄면 불을 끄고 체에 걸러 한 김 식힌다.
3 달군 팬에 기름을 두르고 재운 닭다리살을 굽는다. 닭다리살이 거의 익으면 ②의 데리야키소스를 충분히 발라가며 구운 다음 접시에 담고 송송 썬 쪽파를 올린다.

> 콩닥맘의 요리 메모!
> 데리야키소스를 만들 때 사과나 레몬 등을 넣으면 더 향긋하고 맛있는 데리야키소스를 만들 수 있어요. 삼치나 연어 등 생선을 구울 때 데리야키소스를 발라 구우면 더욱 맛있는 생선구이를 먹을 수 있어요.

어묵참치볶음

칼슘+단백질+비타민

■ 재료
- 볶음용 어묵 - 200g
- 큐브 참치 - 1캔
- 초록 피망·붉은 피망 - ½개씩
- 양파 - ¼개
- 간장·맛술·물엿 - 2큰술씩
- 참기름·통깨·소금 - 조금씩
- 포도씨유 - 적당량

● 만들어 보세요
1. 끓는 물에 볶음용 어묵을 넣고 데쳐 기름기를 제거한다.
2. 참치는 체를 받쳐 기름기를 뺀다. 피망과 양파는 사방 2cm 크기로 썬다.
3. 달군 팬에 포도씨유를 두르고 피망과 양파를 볶아 소금으로 간한다. 채소가 반쯤 익으면 어묵과 참치를 넣고 함께 볶는다.
4. 볼에 간장, 맛술, 물엿을 섞어 양념장을 만든 다음 ③에 넣고 약한 불로 줄여 윤기가 나도록 볶은 뒤 불에서 내려 참기름을 넣어 골고루 섞고 통깨를 뿌린다.

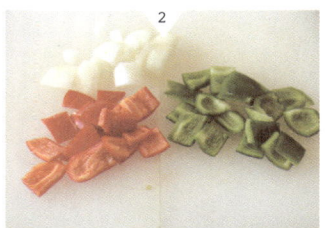

닭봉오븐구이 칼슘+단백질

재료
닭봉 - 500g
케이준시즈닝 - 1큰술
로즈메리잎 · 소금 · 후춧가루 - 조금씩
올리브유 - 4큰술

만들어 보세요
1 닭은 물에 씻은 후 종이타월로 물기를 깨끗이 닦고 사선으로 칼집을 낸다.
2 ①의 닭봉에 소금, 후춧가루와 케이준시즈닝을 넣고 로즈메리잎을 넣은 뒤 올리브유를 뿌려 고루 버무린다. 이때 소금, 후춧가루는 평소 밑간하는 양보다 적게 넣는다.
3 오븐 팬에 유산지를 올리고 그 위에 ②의 닭봉을 올린 뒤 200℃로 예열한 오븐에 25분가량 굽는다.

콩닥맘의 요리메모!
케이준시즈닝은 소금, 검은 후춧가루, 파프리카가루, 양파, 마늘, 오레가노, 타임 등 여러 가지 향신료로 만들어져 하나만으로도 충분히 맛과 향을 느낄 수 있어요. 오븐 사양에 따라 온도와 시간은 달라질 수 있으니 사용하는 오븐에 맞게 조절하세요. 윗부분이 노릇노릇 색이 나고 바삭해질 때까지 굽고, 요리하는 동안 생긴 기름은 버리는 것이 좋아요.

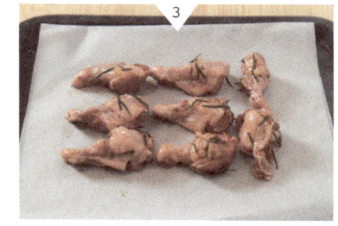

목살달래구이 단백질+비타민+미네랄

재료
돼지고기 목살 – 400g
달래 – 1줌
양념장
된장 – 1½큰술
국간장 – ½큰술
청주 · 조청 – 1큰술씩
설탕 – ½큰술
참기름 · 깨소금 – 조금씩
다시마물 – 2큰술

만들어 보세요
1. 돼지고기 목살은 도톰하게 썰어 칼끝으로 두들기며 목살의 앞뒤에 칼집을 낸다.
2. 된장에 다시마물을 부어 고루 푼 뒤 국간장과 청주, 조청, 설탕, 참기름, 깨소금을 넣고 고루 섞는다.
3. 볼에 ①의 돼지고기를 담고 ②의 양념장을 부어 맛이 고르게 스며들도록 조물조물 무치고 잠시 재운다.
4. 달래는 뿌리를 감싼 지저분한 껍질을 벗겨 물에 깨끗하게 씻은 뒤 5~6cm 길이로 썬다.
5. 재운 고기에 달래를 넣고 고루 버무린다.
6. 석쇠나 달군 팬에 ⑤를 올려 노릇하게 구운 다음 먹기 좋게 썬다.

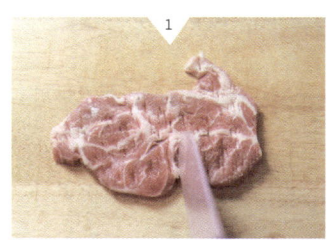

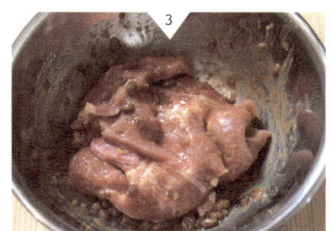

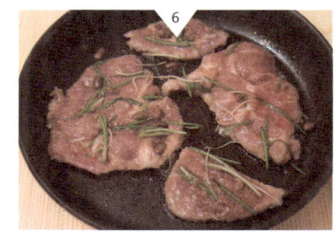

삼겹살찜과 영양부추샐러드

단백질+비타민+미네랄

■ 재료

통삼겹살찜
통삼겹살 – 800g
양파 – 1개
간장 – 7큰술
설탕 – 4큰술
통후추 – 1큰술
청주 – 2컵
물 – 5컵

영양부추무침
영양부추 – 60g
양파 – ½개
간장 – 2큰술
레몬즙·설탕 – 1큰술씩
식초 – ½큰술
참기름·통깨 – 조금씩

● 만들어 보세요

1. 통삼겹살은 신선한 것으로 준비한다.
2. 두꺼운 통냄비나 주물냄비를 준비해 물을 넣고 끓어오르면 청주 2컵을 부어 끓기 시작할 때 통삼겹살과 통후추, 양파를 넣고 뚜껑을 연 채 40분가량 끓인다. 끓이는 동안 위에 떠오르는 거품과 기름은 건져낸다.
3. 영양부추무침 재료의 양파는 가늘게 채 썰어 찬물에 담가 아린 맛을 제거한다.
4. 영양부추는 깨끗이 씻어 5cm 길이로 썰고 물기를 뺀다.
5. ②의 국물이 절반 정도로 줄면 간장과 설탕을 넣은 뒤 뚜껑을 닫고 끓인다.
6. 삼겹살을 뒤집으면서 약한 불에서 충분히 졸인다.
7. 국물이 자작해지면 고기를 꺼내 먹기 좋게 썰어 접시에 담는다.
8. 양파의 물기를 빼고 영양부추와 함께 볼에 담아 간장, 레몬즙, 식초, 설탕, 참기름, 통깨를 넣어 가볍게 버무려 삼겹살찜에 곁들인다.

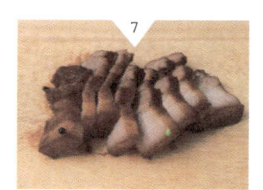

LA 갈비구이

철분 + 단백질

재료

LA갈비 – 1kg
포도씨유 – 1큰술

고기 양념

간장 – 6큰술
배 – ¼개
양파 – 1/2개
설탕 – 1큰술
올리고당 · 매실청 · 청주 – 2큰술씩
다진 마늘 – 1 ½큰술
참기름 – 1큰술
후춧가루 – 조금

만들어 보세요

1 갈비는 물에 뼈를 문질러 씻고 2시간 동안 찬물에 담가 핏물을 뺀다. 한 시간 정도 지나면 물을 한 번 갈아준다.
2 배와 양파는 강판이나 믹서를 이용해 간다. 갈은 양파와 배, 그리고 양념을 모두 고루 섞어 고기 양념을 만든다.
3 핏물을 뺀 갈비는 종이타월로 눌러 물기를 닦고 고기망치나 칼로 살을 두드려 연하게 만든다. 부드러워진 고기에 양념을 끼얹어 켜켜이 쌓아 하룻밤 재운다.
4 포도씨유를 두른 달군 팬에 양념한 갈비를 올려 앞뒤로 굽는다.

동그랑땡 비타민+단백질

재료
돼지고기(다진 것) - 200g
두부 - 50g
양파 - ¼개
당근 - ⅓개
쪽파 - 2줄기
달걀 - 2개
밀가루 - ¼컵

고기 양념
다진 마늘 - 1작은술
생강즙 - ½작은술
참기름·깨소금 - 1작은술씩
소금 - ½작은술
후춧가루 - 조금

만들어 보세요
1 돼지고기는 생강즙과 소금, 후춧가루로 미리 밑간한다. 양파와 당근은 곱게 다지고, 쪽파는 송송 썬다. 두부는 면포에 싸서 눌러 물기를 꼭 짜고 칼등으로 으깬다.
2 볼에 다진 채소와 돼지고기, 으깬 두부를 담고, 다진 마늘, 참기름, 소금, 후춧가루, 깨소금을 넣어 끈기가 생기도록 충분히 치댄다.
3 반죽을 지름 5cm 정도로 동그랗게 빚어 밀가루와 달걀물을 입힌 다음 달군 팬에 기름을 두르고 앞뒤로 노릇하게 부친다.

굴비커리구이 칼슘+단백질

재료
굴비 – 4마리
밀가루 – 6큰술
커리가루 – 2큰술
포도씨유 – 적당량

만들어 보세요
1 굴비는 비늘을 제거하고 지느러미는 가위로 잘라 손질한다. 아가미 쪽 내장도 제거한다.
2 흐르는 물에 깨끗이 씻어 칼집을 내고 종이타월이나 면포로 물기를 제거한다.
3 쟁반에 밀가루와 커리가루를 골고루 섞어놓는다.
4 굴비 표면에 ③의 가루를 골고루 묻힌 다음 털어낸다.
5 팬에 포도씨유를 두르고 ④를 노릇하게 굽는다.

콩닥맘의 요리메모!
생선 비늘을 제거할 때 비늘은 칼등이나 비늘제거기를 이용하여 꼬리에서 머리 방향으로 살살 밀어주세요. 생선을 구울 때 밀가루를 묻히면 껍질을 바삭하게 먹을 수 있어요. 팬에 기름을 넉넉히 두르고 굴비 한쪽 면이 충분히 노릇하게 구워진 뒤 뒤집어야 생선살이 부서지지 않고 골고루 맛있는 구이 요리가 완성됩니다.

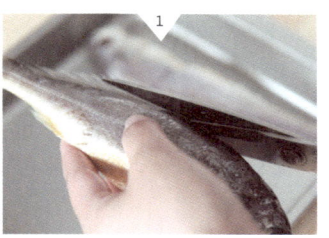

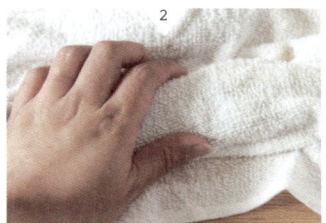

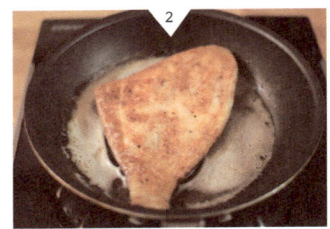

레몬버터 가자미구이
비타민+단백질

재료
가자미 – 1마리
버터 – 1큰술
포도씨유(또는 카놀라유) – 2큰술
밀가루 – ½컵
레몬버터
버터 – 2큰술
레몬즙 – 1작은술
파슬리가루 – ½큰술
소금·후춧가루 – 조금씩

만들어 보세요
1 가자미는 내장과 머리, 지느러미, 비늘 등을 손질한 것으로 구입해 등 쪽(검은 부분)의 껍질을 벗긴다. 손질한 가자미는 소금, 후춧가루로 밑간했다가 앞뒤로 밀가루를 묻혀 가볍게 털어낸다.
2 달군 팬에 기름을 두르고 버터를 넣어 녹인 다음 가자미의 배 부분이 바닥에 닿도록 하여 중약 불에서 5분 정도 굽고 다시 뒤집어 5분 동안 굽는다.
3 새로운 팬을 달궈 버터를 넣고 버터가 녹으면서 거품이 나기 시작하면 레몬즙을 넣어 약한 불로 데운다. 소금, 후춧가루로 간하고 파슬리가루를 넣고 섞어 가자미 위에 뿌린다.

갈치살구이

비타민+단백질

재료
갈치 - 200g
밀가루 - 2큰술
청주·소금 - 조금씩
식용유 - 적당량

만들어 보세요
1 갈치는 세로로 깊숙이 칼집을 내고 칼집 낸 부분에서 가운데 뼈 부위로 칼을 살살 밀어 갈치살을 분리한다. 청주, 소금 순으로 밑간하고 살이 마르지 않도록 종이타월을 덮어 잠시 재워둔다.
2 밑간한 갈치의 껍질 쪽에만 밀가루를 살살 묻혀 털어낸다.
3 달군 팬에 기름을 두르고 살 쪽부터 구워낸다.

유자소스 갈치구이

PLUS RECIPE

갈치 4토막, 밀가루 4큰술, 굵은 소금 조금, 포도씨유 2큰술
유자소스 유자청 3큰술, 물 4큰술, 식초 1큰술, 소금 조금

1 토막 낸 갈치는 껍질을 칼등으로 긁어 적당히 벗기고 소금을 뿌려 30분 정도 재웠다가 소금물에 살짝 헹궈낸다. 물기를 충분히 뺀 뒤 앞뒤로 밀가루를 묻혀 털어낸다.
2 달군 팬에 기름을 두르고 갈치를 올려 앞뒤로 노릇하게 굽는다.
3 작은 냄비나 팬에 유자소스 재료를 넣고 끓이다가 국물이 ⅔ 정도로 졸아들면 구운 갈치 위에 뿌린다.

꽁치크로켓 칼슘+단백질+지방

재료
꽁치통조림 – 1캔
양파 – ¼개
레몬즙 – 1큰술
다진 마늘 – 1작은술
맛술·녹말가루·밀가루 – 2큰술씩
달걀 – 1½개분
빵가루 – 2½컵
식용유 – 적당량

만들어 보세요
1 양파는 다져서 기름을 두른 팬에 소금을 조금 넣고 볶는다.
2 꽁치는 체를 받쳐 기름을 뺀 다음 레몬즙을 넣고 뼈째 포크로 곱게 으깬다.
3 볼에 볶은 양파와 빵가루 1½컵, 맛술, 달걀 ½개분, 녹말가루, 다진 마늘을 넣고 반죽해 끈기가 생길 때까지 충분히 치댄다.
4 ③의 반죽을 동그랗거나 길쭉한 모양으로 빚어 밀가루, 달걀, 빵가루 순서로 가볍게 튀김옷을 입힌다.
5 180℃ 기름에 노릇하게 튀긴다.

꽁치케첩조림   PLUS RECIPE

꽁치 2마리, 녹말가루 2큰술, 포도씨유 적당량
조림장 토마토케첩 3큰술, 설탕 1½큰술, 간장 2큰술, 식초 ½큰술

1 꽁치는 3cm 크기로 토막 내어 핏물이 없도록 깨끗이 씻고 내장을 제거한다.
2 손질한 꽁치를 종이타월로 눌러 물기를 제거하고 녹말가루를 입힌다.
3 달군 팬에 포도씨유를 두르고 녹말가루를 입힌 꽁치를 올려 굽는다.
4 팬에 조림장 재료를 넣고 끓이다가 구운 꽁치를 넣고 조린다.

삼치강정

단백질+오메가3+칼륨

재료
삼치 – ½마리
실파 – 1줄기
통깨 – ½큰술
포도씨유 – 적당량

밑간
맛술 – 1큰술
소금·후춧가루 – 조금씩

튀김옷
달걀 – 1개
녹말가루 – 4큰술

소스
간장 – ½큰술
고추장·설탕 – 1큰술씩
토마토케첩 – 2큰술
조청 – 3큰술
다진 마늘 – 1작은술
물 – ½컵

만들어 보세요

1 삼치는 살만 발라내 한 입 크기로 썰어 맛술과 소금, 후춧가루로 밑간한다.
2 볼에 달걀을 풀고 녹말가루를 고루 섞은 뒤 밑간한 삼치살을 넣어 버무린다.
3 170℃의 기름에 ②의 삼치살을 한 번 튀겨낸 다음 살짝 기름 온도를 높여 한 번 더 바삭하게 튀겨낸다.
4 팬에 소스 재료를 넣고 중약 불에서 끓여 졸인다.
5 소스가 적당한 농도로 졸여지면 불을 끄고 튀긴 삼치를 넣어 빠르게 버무린 뒤 접시에 담고 송송 썬 실파와 통깨를 올린다.

굴튀김

PLUS RECIPE

굴 200g, 달걀 1개, 밀가루 3큰술, 빵가루 1 ½컵, 소금·파슬리가루 조금씩
굴 양념장 간장·청주 ½큰술씩, 다진 마늘 ½작은술
타르타르소스 마요네즈 3큰술, 삶은 달걀 1개, 다진 양파·다진 피클 1큰술씩, 머스터드·레몬즙 1큰술씩, 파슬리가루 1작은술

1 굴은 차가운 소금물에 살살 흔들어 씻어 체를 받쳐 물기를 뺀다.
2 볼에 굴 양념장 재료를 넣고 골고루 섞어둔다.
3 ①의 굴을 양념장에 버무린다.
4 ③에 밀가루, 달걀, 빵가루 순으로 튀김옷을 입혀 180℃의 기름에 노릇하게 튀긴다. 타르타르소스를 만들어 곁들인다.

💡 **콩닥맘의 요리메모!** 튀김옷을 입힐 때 밀가루는 최대한 털어내고 빵가루는 충분히 입혀주세요.

아이마다 국을 잘 먹는 아이가 있는가 하면

국 없이 밥만 먹는 걸 좋아하는 아이도 있지요.

국이나 찌개와 같은 국물 요리에는

밥과 반찬에 없는 재료가 주재료로 쓰이기도 하고

국물을 내기 위해 멸치나 다시마, 버섯, 양파 등이 들어가기도 해서

영양소를 고루 섭취하는 데 도움이 된답니다.

오늘부터 아이 입맛에 맞을 만한 국을 요것조것 끓여주세요.

아이 국을 미리 한 그릇 뜨고 고춧가루나 소금, 간장 등으로 간을 더하면

엄마 아빠 먹을 국을 따로 끓일 필요 없이 한 번에 해결됩니다.

CHAPTER 3

필수 영양소를 한 번 더!
국물요리

시금치된장국 칼슘+단백질+철분

재료
시금치 – 150g
마른 새우 – 5g
다시마 사방 5cm – 1장
된장 – 2큰술
국간장 – ½큰술
소금 – 조금
물 – 6컵

만들어 보세요
1 시금치는 끓는 물에 소금을 넣고 살짝 데쳐 찬물에 헹구고 물기를 짜서 먹기 좋게 썬다.
2 냄비에 물을 붓고 마른 새우와 다시마를 넣어 끓인다.
3 물이 끓으면 5분 뒤 다시마를 건져낸 다음 거품을 걷고 된장을 체에 걸러 넣는다.
4 ①의 시금치를 넣은 후 국간장으로 모자란 간을 맞추고 불을 끈다.

콩닥맘의 요리 메모!
시금치의 수용성 유기산은 체내에서 칼슘과 결합해 유해한 성분으로 변할 수 있기 때문에 국에 넣기 전 살짝 데쳐서 사용하세요. 데친 시금치를 된장국에 넣은 후에는 한소끔만 끓여 수용성 비타민이 파괴되는 것을 막아줍니다.

바지락된장국

철분+비타민

재료
바지락 - 200g
다시마 사방 5cm - 1장
실파 - 1줄기
일본된장 - 1½큰술
청주 - 1큰술
물 - 4컵

🥫 **콩닥맘의 요리메모!**
바지락은 껍데기의 불순물을 깨끗하게 씻고 바닥이 평평한 용기에 담아 검은 비닐을 씌워 냉장고에 하룻밤 넣어둡니다. 마트에서 판매하는 봉지 바지락은 이미 해감된 것으로 별도의 해감 과정이 필요 없어요.

● **만들어 보세요**
1 바지락은 해감을 빼고 흐르는 물에 여러 번 씻어 헹군다.
2 냄비에 물을 붓고 바지락과 다시마를 넣어 끓인다. 끓기 시작하면 다시마를 건지고 청주를 넣은 다음 거품을 걷는다.
3 일본된장을 체에 걸러 넣고 2~3분 더 끓인다.
4 실파를 송송 썰어 넣고 불을 끈 뒤 그릇에 담는다.

일본식 된장국   PLUS RECIPE

마른 미역 6g, 두부 ¼모, 다시마 사방 5cm 1장, 가다랑어포 5g, 일본 된장 1큰술, 물 800ml

1 미역은 찬물에 불리고 두부는 깍둑썰기 한다.
2 냄비에 물을 붓고 다시마를 넣어 끓인다.
3 물이 끓으면 다시마를 건져내고 불을 약하게 줄인 뒤 가다랑어포를 체에 담아 잠시 담갔다 뺀다.
4 다시 불을 높인 다음 불린 미역과 두부를 넣고 끓인다.
5 흰 된장을 체에 걸러 풀어 넣고 잘 저은 뒤 바로 불을 끈다.

🥫 **콩닥맘의 요리메모!** 일본된장은 휘발성이 강해 오래 끓이면 향이 날아가므로 가장 마지막에 풀어 넣고 불을 끄세요.

시래기멸치된장국

칼슘+비타민+단백질

콩닥맘 Talk! Talk!

예전에 백화점 문화센터에서 강의할 때 한 어머님이 된장국은 늘 시금치된장국만 끓인다며 다른 된장국은 어떤 것이 있는지 물어보신 적이 있어요. 그때 말씀드린 몇 가지 된장국 중 하나인 구수한 시래기멸치된장국을 소개해드립니다. 국물용 멸치를 건져내지 않고 잘 다듬어 부숴 넣고 쌀뜨물을 이용해 끓이는 것이 포인트예요.

※ 재료

시래기 – 150g
멸치 – 15g
굵은 파 – 1대
된장 – 4큰술
다진 마늘 · 참기름 – 1큰술씩
쌀뜨물 – 6컵

● 준비하기

말린 시래기는 부서지지 않게 하루 저녁 물에 담가 불린 다음 불린 물까지 그대로 냄비에 부어 20~30분 정도 부드럽게 삶는다.

● 만들어 보세요

1 삶은 시래기는 물기를 꼭 짜고 질긴 껍질 부분을 벗긴다.
2 손질한 시래기는 3~4cm 길이로 먹기 좋게 썬다.
3 볼에 시래기를 담고 된장, 다진 마늘, 참기름을 넣어 조물조물 무친다.
4 멸치는 머리, 내장, 가시를 모두 제거하고 마른 팬에 바삭하게 볶는다.
5 ③의 시래기에 볶은 멸치를 잘게 부숴 넣고 버무린다.
6 냄비에 쌀뜨물을 붓고 끓으면 양념한 시래기를 넣고 10분 정도 끓인다.
7 떠오르는 거품을 걷어내고 굵은 파를 어슷하게 썰어 넣어 한소끔 끓인다.

콩닥맘의 요리 메모!

쌀뜨물에는 비타민 B₁, B₂, 녹말질이 녹아 있어 된장국에 영양을 더하고 구수한 맛을 냅니다. 쌀뜨물은 쌀을 한 번 씻어내고 두 번째 헹군 물을 사용하세요. 시래기를 불리고 삶는 과정이 번거롭다면 마트에서 판매하는 삶은 시래기를 구입해 사용해도 좋아요.

감자달걀국

칼슘+단백질+탄수화물

재료
- 감자 – 1개
- 달걀 – 2개
- 실파 – 1줄기
- 국간장 – 2작은술
- 소금 – 조금
- 멸치다시마국물(p.14) – 5컵

만들어 보세요

1 감자는 껍질을 벗기고 반으로 잘라 1cm 두께로 썬다. 멸치다시마국물에 사용한 다시마는 채 썬다.
2 냄비에 멸치다시마국물과 감자를 넣고 중간 불에서 끓인다.
3 달걀을 풀어 소금으로 간하고 기호에 따라 실파나 굵은 파를 넣는다.
4 감자가 익으면 약한 불로 줄이고 달걀물을 원을 그리며 붓는다.
5 국간장과 소금으로 간하고 국이 완성되면 채 썬 다시마를 넣어 섞는다.

콩닥맘의 요리메모!
국물이 팔팔 끓을 때 달걀물을 넣으면 한 덩어리로 뭉칠 수 있어요. 마지막에 불을 약하게 줄이고 원을 그리듯 부어줍니다.

조갯살콩나물국

칼슘+단백질+비타민

※ 재료
- 콩나물 - 100g
- 조갯살 - ¼컵
- 다진 마늘 - 1작은술
- 참기름 - 1큰술
- 청주 - ½큰술
- 소금 - 조금
- 멸치다시마국물(p.14) - 5컵

● 만들어 보세요
1 콩나물은 머리와 꼬리를 다듬고 깨끗이 씻는다.
2 조갯살은 물에 살살 씻은 후 다진다.
3 냄비에 참기름을 두르고 다진 마늘과 조갯살, 청주를 넣어 볶는다.
4 ③에 멸치다시마국물을 붓고 콩나물을 넣은 다음 뚜껑을 덮어 7~8분 정도 끓인다. 콩나물이 익으면 뚜껑을 열고 소금으로 간한 뒤 기호에 따라 실파, 붉은 고추 등을 넣는다.

🥫 콩닥맘의 요리메모!
조갯살은 오래 끓이면 질겨져요. 국물 맛을 우리면서 식감도 적당히 쫄깃하게 유지하려면 조갯살을 다져 넣는 것이 좋습니다.

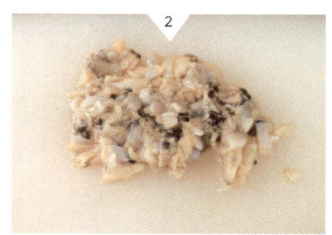

매생이굴국

칼슘+철분+비타민

★ 재료

매생이 - 250g
굴 - 100g
다진 마늘 - ⅓큰술
국간장 - ⅔큰술
참기름 - ½큰술
소금 - 조금
멸치다시마국물(p.14) - 4컵

● 만들어 보세요

1 큼직한 볼에 물을 넉넉히 담고 매생이를 넣어 살살 흔들어 씻기를 세 번 정도 반복한 후 체로 건져 물기를 빼고 2~3등분으로 썬다.
2 굴은 소금물에 살살 흔들어 씻어 물기를 뺀다.
3 냄비에 멸치다시마국물과 굴을 넣고 다진 마늘과 국간장, 소금으로 간해 끓인다.
4 ③에 매생이를 조금씩 풀어 넣고 저은 후 한소끔 끓으면 바로 불을 끄고 참기름을 넣어 마무리한다.

🍲 공댁맘의 요리메모!

매생이국은 국물을 너무 많이 준비하지 않도록 합니다. 일반 국보다 1컵 정도 적게 국물을 붓는 것이 쿠킹 포인트. 매생이는 오래 끓이면 흐물흐물 풀어지기 때문에 마지막에 넣고 불을 꺼야 맛있는 식감과 색을 유지할 수 있어요.

쇠고기뭇국 칼슘+단백질

☆ 재료

쇠고기(국거리) – 100g
무 – 150g
굵은 파 – ⅓대
다진 마늘 – 1작은술
국간장 – 1큰술
참기름 – ½큰술
소금 – 조금
다시마국물 – 5컵

다시마국물
다시마 사방 5cm – 1장
물 – 6컵

고기양념
국간장·청주·참기름 – ½큰술씩
다진 마늘 – 1작은술
후춧가루 – 조금

● 준비하기

다시마는 찬물에 미리 담가둔다.

● 만들어 보세요

1 쇠고기는 고기양념으로 조물조물 버무려 10분가량 재운다. 무는 깨끗이 씻어 0.5cm 두께로 납작하게 썰고 굵은 파는 어슷 썬다.
2 냄비에 참기름을 두르고 쇠고기와 무를 달달 볶는다.
3 다시마를 담가두었던 물과 함께 냄비에 담아 불에 올려 끓으면 다시마를 건져낸다. 다시 다시마국물 5컵을 붓고 중간 불에서 거품을 걷어내며 끓이다가 무가 투명해지면 파와 다진 마늘을 넣고 국간장과 소금으로 간을 맞춘 뒤 한소끔 더 끓인다.

🍲 콩닥맘의 요리메모!
쇠고깃국을 끓일 때는 아이들을 위해 가급적 고기를 작게 썰어 넣으세요. 그래야 아이들이 씹다가 뱉는 일이 없습니다.

쇠고기미역국

단백질+섬유질+요오드

☆ 재료
- 쇠고기 양지(국거리) — 100g
- 마른 미역 — 20g
- 참기름 — 2큰술
- 국간장 — 1½큰술
- 소금 — 조금
- 물 — 5컵

고기양념
- 국간장 · 참기름 — 1작은술씩
- 다진 마늘 — ½작은술

● 만들어 보세요

1. 마른 미역은 깨끗한 물에 담가 불린 뒤 씻어 3cm 길이로 자른다. 쇠고기는 종이타월이나 면포에 올려 핏물을 빼고 고기양념으로 살짝 재운다.
2. 달군 냄비에 참기름을 두르고 미역과 국간장 1큰술을 넣어 충분히 볶다가 고기를 넣고 센 불에서 고기의 겉면이 익을 때까지 볶는다.
3. 물을 붓고 끓어오르면 국간장 ½큰술을 넣고 15분가량 중약 불에서 끓이다 마지막에 소금으로 간한다.

> 🥫 **콩닥양의 요리 메모!**
> 쇠고기미역국을 끓일 때 간을 제일 마지막에 하면 소금을 꽤 많이 넣게 돼요. 고기에 국간장으로 밑간을 약간 하고 미역을 볶을 때도 국간장을 넣으면 마지막에 적은 양의 소금으로 간을 맞출 수 있어요.

들깨미역국

단백질+지방+요오드

콩닥맘 Talk! Talk!

저희 집에서 가장 인기 있는 국은 바로 들깨미역국이에요. 쉽게 만들 수 있으면서 들깨를 이용하면 소금을 넣지 않아도 간이 맞을 뿐 아니라 영양이나 맛도 흠잡을 데 없거든요.
아이도 고소한 들깨미역국을 좋아해서 자꾸 떠달라고 한답니다.

재료

마른 미역 — 15g
들깨가루 · 들기름 — 3큰술씩
국간장 — 1½큰술
국물용 멸치 — 10마리
다시마 사방 — 10cm 1장
물 — 5컵

콩닥맘의 요리 메모!

다시마국물과 국간장, 들깨가루로 충분히 간이 되기 때문에 따로 소금을 넣을 필요가 없어요. 아이들이 좋아하는 조랭이떡이나 떡국 떡 등을 넣어도 좋아요.

준비하기

다시마는 찬물에 미리 담가둔다.

만들어 보세요

1 미역을 물에 담가 불린다.
2 냄비에 물 5컵과 멸치, 다시마를 넣고 끓기 시작하면 다시마를 건지고 10분 더 끓인 후 멸치를 건진다.
3 ①의 불린 미역을 물기를 꼭 짠 다음 달군 냄비에 들기름을 두르고 충분히 볶는다.
4 ③에 ②의 국물을 넣고 중약 불에서 충분히 끓이다 국간장을 넣고 들깨가루를 넣어 약한 불에서 10분간 끓인다

달래된장찌개 _칼슘+단백질_

✿ 재료
달래 – 50g
애호박·양파 – ½개씩
두부 – ½모
풋고추·붉은 고추 – 1개씩
굵은 파 – ⅓대
된장 – 3큰술
다진 마늘 – ½큰술
멸치다시마국물 – 4컵

● 만들어 보세요
1 애호박, 양파, 두부는 한 입 크기로 먹기 좋게 썰고 풋고추, 붉은 고추는 어슷하게 썰어 씨를 털어낸다.
2 달래는 물에 깨끗하게 씻고 뿌리를 감싼 지저분한 껍질을 벗겨낸 다음 4~5cm 정도 길이로 썬다.
3 멸치다시마국물에 된장을 체에 걸러 넣는다.
4 냄비 또는 뚝배기에 애호박과 양파를 넣고 끓이다 어느 정도 익으면 두부와 고추, 굵은 파, 다진 마늘을 넣고 5분 정도 더 끓인다. 재료들이 다 익으면 불을 끄고 달래를 넣는다.

우족탕 칼슘+단백질

❋ 재료
우족(또는 사골) – 1.5kg
양지 – 300g
굵은 파 – ½대
소금·후춧가루 – 조금씩

🥣 콩닥맘의 요리메모!
우족을 초벌로 끓인 물은 반드시 버리고 끓였던 냄비도 깨끗하게 씻은 후 사용해야 누린내가 나지 않고 깨끗한 우족탕을 끓일 수 있어요. 우족 대신 사골이나 잡뼈를 이용할 경우에도 같은 방법으로 끓여주세요.

● 만들어 보세요

1 우족은 5시간, 양지는 1시간 정도 찬물에 담가 핏물을 제거한다. 중간에 2~3번 정도 깨끗한 물로 바꾼다.
2 핏물을 제거한 우족을 냄비에 담고 잠길 정도로만 물을 부어 센 불에서 20분 정도 끓인다.
3 ②에서 초벌로 끓인 국물은 모두 버리고 우족을 깨끗하게 헹군다. 냄비에도 불순물이 묻어 있을 수 있으니 깨끗이 씻는다.
4 씻은 우족을 다시 냄비에 넣고 잠길 정도로 물을 부어 끓인다. 끓어오르면 중약 불로 줄여 5시간 정도 끓인다. 끓으면서 떠오르는 것들은 모두 걷어낸다.
5 국물이 뽀얗게 우러나면 다른 냄비나 볼에 국물을 붓는다.
6 우족은 살과 뼈를 분리한다.
7 분리한 뼈를 다시 냄비에 담고 물을 넉넉히 부어 끓인다.
8 ⑦에 양지를 넣고 함께 끓인다.
9 1시간 정도 끓인 후 양지를 꺼내 한 김 식혀 고깃결의 반대 방향으로 얇게 썬다.
10 두 번에 걸쳐 끓인 국물을 합쳐 다시 2~3시간 정도 끓이다 뼈를 건져내고 한 김 식힌다. 식어서 생긴 기름은 걷어내고 먹을 때 다시 한 번 끓인다. 소금간은 먹기 직전에 하고 썰어놓은 양지를 올려 낸다.

요즘 엄마들의 로망이라고 할 수 있는 브런치 메뉴입니다.

아이들이 좋아할 만한 것으로 골랐으니 브런치 타임을 즐겨보세요.

아침과 점심 두 번 먹기가 어중간한 시간에 이런 요리를 만들어보면 좋겠죠?

유치원이나 학교에서 돌아온 아이들 간식으로도 든든합니다.

몸에 좋은 재료를 고루 활용했고 아이들이 좀 더 다양한 요리를 접할 수 있으니

식습관을 형성하는 데에도 도움이 될 거예요.

무엇보다 집에 있는 재료로 간편하게 만드는 방법을 소개합니다.

CHAPTER 4

엄마와 함께하는 브런치 타임

치즈스크램블 칼슘+단백질

재료
달걀 - 2개
슬라이스치즈 - ½개
우유 - 2큰술
버터 - ½작은술
소금·후춧가루 - 조금씩
포도씨유 - 적당량

만들어 보세요
1 달걀은 소금과 후춧가루로 간하고 충분히 풀어 체에 내린다.
2 체에 내린 달걀에 우유와 치즈를 넣고 골고루 섞는다.
3 달군 팬에 기름을 살짝 두르고 버터를 녹인 다음 ②를 붓고 익힌다.
4 바닥이 살짝 익기 시작하면 젓가락으로 원을 그리며 스크램블을 만든다.

콩닥맘의 요리 메모!
달걀을 풀어 체에 내리면 거품과 알끈이 동시에 제거돼 보다 깨끗하고 부드러운 스크램블을 만들 수 있어요.

토마토스크램블

칼슘+단백질+비타민

재료
달걀 - 2개
토마토 - 1개
양파 - ¼개
우유 - 2큰술
소금·후춧가루 - 조금씩
포도씨유 - 적당량

만들어 보세요
1 토마토는 씨를 제거하고 한 입 크기로 작게 자른다. 양파는 채 썬다.
2 달걀은 소금과 후춧가루로 간하고 충분히 풀어 체에 내린다.
3 체에 내린 달걀에 우유를 넣고 골고루 섞는다.
4 달군 팬에 식용유를 두르고 양파를 볶다가 양파가 투명해지면 토마토를 넣고 살짝 볶는다.
5 팬 한쪽으로 토마토와 양파를 밀어 넣고 달걀물을 부어 바닥이 살짝 익기 시작하면 젓가락으로 원을 그리며 스크램블을 만든다. 반숙 정도로 익으면 토마토와 양파를 함께 섞는다.

콩닥맘의 요리 메모!
토마토는 오래 볶지 않고 한두 번 뒤적여도 충분합니다. 달걀과 섞이면서 열이 가해지기 때문에 처음부터 오래 볶으면 자칫 물러지기 쉬우니 주의하세요.

채소오믈렛 칼슘+단백질+비타민

재료
- 달걀 - 3개
- 토마토 · 양송이버섯 - ½개씩
- 양파 · 피망 - ¼개씩
- 슬라이스햄 - 1장
- 토마토케첩 - 1큰술
- 버터 - 1작은술
- 소금 · 후춧가루 - 조금씩
- 포도씨유 - 적당량

만들어 보세요
1. 토마토는 십자로 칼집을 내서 끓는 물에 잠시 담갔다 꺼내 껍질을 벗기고 씨를 제거해 다진다. 양송이버섯, 양파, 피망, 햄도 모두 다진다.
2. 팬에 기름을 두르고 양파와 피망, 햄, 양송이버섯을 볶다가 토마토를 넣고 살짝 볶은 다음 토마토케첩을 넣어 골고루 섞으며 볶는다.
3. 달걀에 소금, 후춧가루를 넣고 푼 뒤 체에 내려 거품과 알끈을 제거한다.
4. 약한 불에 팬을 달구고 포도씨유와 버터를 골고루 두른 다음 ③을 붓고 재빠르게 저어 반숙으로 스크램블을 만든다.
5. 불을 제일 약하게 줄이고 반숙한 스크램블을 한 방향으로 모은 뒤 ②의 볶은 재료를 올린다.
6. 재료를 감싸며 스크램블을 돌돌 말아 오믈렛을 만든다.

콩닥맘의 요리 메모!
오믈렛 모양을 만들기 위해서는 불 조절이 중요하지요. 스크램블은 반 정도만 익히고 불을 최대로 약하게 줄이세요. 팬을 살짝 기울여 가장자리로 스크램블을 모아 오믈렛 모양을 만드는 것이 편한데, 이때 기름과 버터를 충분히 두르는 것이 중요합니다.

스패니시오믈렛 칼슘+단백질+비타민

재료
토마토 – 1개
양파 – ½개
베이컨 – 4줄
마늘 – 1쪽
달걀 – 3개
버터 – 1작은술
소금·후춧가루 – 조금씩
파슬리가루(또는 허브가루) – 조금
올리브유 – 2큰술

만들어 보세요
1 토마토는 깨끗이 씻어 속을 제거하고 양파와 함께 채 썬다.
2 베이컨은 2cm 폭으로 썬다. 취향에 따라 다른 스타일의 베이컨을 준비하거나 닭가슴살 등을 함께 준비해도 좋다.
3 약한 불로 달군 팬에 올리브유를 두르고 마늘을 편으로 썰거나 다져 넣어 볶다가 향이 올라오면 채 썬 양파를 넣고 함께 볶는다.
4 베이컨을 넣고 함께 볶다가 베이컨이 익고 양파가 말갛게 익으면 토마토를 넣고 버터를 넣어 함께 볶는다.
5 ④의 재료들 사이에 구멍을 세 개 만들고 달걀을 깨뜨려 넣은 뒤 소금과 후춧가루를 뿌리고 파슬리가루나 허브가루를 뿌린다.
6 180℃ 오븐에 넣고 8~9분 정도 굽는다. 오븐 사양이나 좋아하는 달걀의 익힘 정도에 따라 온도나 시간을 조절한다.

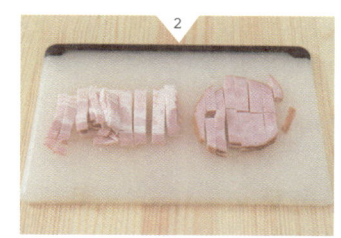

웨지감자

칼슘 + 단백질 + 비타민

재료
- 감자(중간 크기) - 2개
- 파르메산치즈가루 - 1큰술
- 파슬리가루 - 1작은술
- 파프리카가루(또는 케이준시즈닝) - ½큰술
- 소금 - 조금
- 올리브유 - 4큰술

만들어 보세요
1. 감자는 껍질째 물에 깨끗하게 씻은 후 웨지 모양으로 길게 8등분한다.
2. 찬물에 감자를 담가 녹말기를 제거하고 흐르는 물에 씻은 뒤 물기를 충분히 닦는다.
3. ②의 감자를 볼에 담고 올리브유와 파르메산치즈가루, 소금, 파슬리가루, 파프리카가루 또는 케이준시즈닝을 넣어 골고루 버무린다. 파프리카가루나 케이준시즈닝이 없을 경우 생략해도 좋다.
4. 오븐 팬에 종이포일을 깔고 ③의 감자를 올려 200℃로 예열한 오븐에 20분간 구운 다음 뒤집어서 10분간 더 굽는다.

감자수프 단백질+탄수화물+비타민

● 재료
- 감자(큰 것) - 1개
- 양파 - ¼개
- 굵은 파(흰 부분) - ¼대
- 생크림 - 5큰술
- 버터 - ½큰술
- 식빵 - ½장
- 소금 - ½작은술
- 월계수잎 - 1장
- 흰 후춧가루 - 조금
- 물 - 3컵

● 만들어 보세요
1. 감자는 0.3cm 두께의 반달 모양으로 썰어 찬물에 담가 녹말기를 제거한 뒤 종이타월로 물기를 닦는다.
2. 양파는 감자와 같은 두께로 채 썬다.
3. 굵은 파는 길이로 반 갈라 심지를 빼고 채 썬다.
4. 냄비에 버터를 두르고 약한 불에서 양파와 굵은 파를 향이 나도록 볶은 다음 감자를 넣어 함께 볶는다.
5. ④에 물을 붓고 월계수잎을 넣어 끓어오르면 약한 불로 줄이고 뚜껑을 덮어 푹 끓인다. 감자를 눌렀을 때 으깨질 정도로 푹 익으면 월계수잎을 건져내고 나머지는 믹서에 간 다음 냄비에 붓고 생크림을 넣어 적당한 농도가 되도록 끓인 후 소금과 흰 후춧가루로 간한다.
6. 식빵을 사방 1cm 크기로 잘라 버터를 두른 팬에 굴려가며 노릇하고 바삭하게 구워 크루통을 만든 다음 감자수프에 올려낸다.

> **콩닥맘의 요리 메모!**
> 생크림이 없을 땐 버터, 밀가루, 우유로 화이트소스를 만들어 넣어주세요.

김치파스타

비타민 + 유산균 + 탄수화물

재료
- 펜네(또는 리가토니) – 160g
- 김치 – 100g
- 홀토마토(캔) – 500g
- 토마토 – 1개
- 마늘 – 2쪽
- 설탕 – ½큰술
- 소금 – 조금
- 올리브유 – 적당량

만들어 보세요
1. 김치는 속을 털어 송송 썰고 마늘을 다진다.
2. 토마토는 십자로 칼집을 내서 끓는 물에 잠시 담갔다 꺼내 껍질을 벗기고 씨를 제거해 송송 썬다.
3. 홀토마토는 단단한 꼭지를 제거하고 으깬다.
4. 팬에 올리브유를 두르고 약한 불에 다진 마늘을 볶아 향을 낸다.
5. 송송 썬 김치를 넣어 함께 볶는다.
6. ⑤에 으깬 홀토마토와 송송 썬 토마토, 설탕을 넣고 끓이며 농도를 맞춘다.
7. 끓는 물에 소금을 조금 넣고 펜네 또는 리가토니를 12분간 삶는다.
8. 파스타가 익으면 소스에 넣고 버무려 그릇에 담는다. 기호에 따라 치즈를 뿌려 낸다.

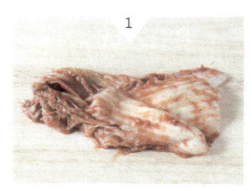
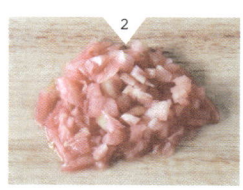

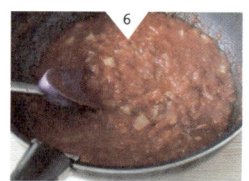

냉파스타

칼슘+비타민+탄수화물

재료
- 푸실리 – 100g
- 방울토마토 – 10개
- 마늘 – 5쪽
- 생바질 – 4~5장
- 생모차렐라치즈 – 1개
- 레몬즙 – 2큰술
- 다진 파슬리·소금·후춧가루 – 조금씩
- 올리브유 – 적당량

만들어 보세요

1. 방울토마토는 2등분하고 마늘은 슬라이스한다.
2. 끓는 물에 소금을 조금 넣고 푸실리를 12분간 삶아 건져 물기를 완전히 빼고 한김 식힌다. 볼에 푸실리를 넣고 올리브유를 충분히 두른 다음 소금, 후춧가루로 간해 골고루 섞는다.
3. 팬에 올리브유를 두르고 마늘을 볶아 색이 나면 방울토마토를 넣고 볶다가 소금으로 간하고 불에서 내려 충분히 식힌다.
4. 모차렐라치즈는 사방 1.5cm 크기의 주사위 모양으로 썬다.
5. 레몬은 깨끗이 씻어 즙을 낸다.
6. ②의 푸실리에 ③의 소스와 모차렐라치즈, 레몬즙을 넣어 섞은 뒤 바질을 적당한 크기로 뜯어 넣고 다진 파슬리를 뿌려 섞는다.

미트소스 스파게티

칼슘+단백질+비타민

재료

스파게티(또는 스파게티니) – 200g
다진 쇠고기 – 100g
다진 돼지고기 – 60g
양송이버섯 – 1개
양파 – ¼개
초록 피망·붉은 피망 – ¼개씩
홀토마토 – 800g
다진 마늘·버터 – 1큰술씩
올리브유 – 4큰술
레드와인 – ⅓컵
월계수잎 – 2장
말린 바질 – 1작은술
오레가노 – 1작은술
설탕 – ½큰술
쇠고기육수 – 1컵

만들어 보세요

1 양송이버섯과 양파, 피망은 다진다.
2 달군 팬에 올리브유 2큰술과 버터를 넣고 다진 마늘을 볶다가 양파, 피망, 버섯을 넣어 볶는다.
3 ②에 다진 돼지고기를 넣고 볶다가 다진 쇠고기를 넣고 소금, 후춧가루로 간하며 볶는다. 레드와인을 붓고 센 불에서 볶아 알콜 성분을 날린다.
4 홀토마토는 꼭지를 따고 으깬 다음 월계수잎과 말린 바질, 오레가노, 설탕을 넣어 골고루 섞는다.
5 ③에 ④를 붓고 고기육수를 부어 끓어오르면 약한 불로 줄여 끓이다가 농도가 되직해지면 소금, 후춧가루로 간한다.
6 끓는 물에 소금을 조금 넣고 스파게티를 8분간(스파게티니는 6~7분) 삶아 ⑤의 소스에 버무린다.
7 취향에 따라 치즈를 얹어 오븐에서 치즈가 노릇하게 녹을 정도로 익힌다.

콩닥맘의 요리메모!

미트소스를 만들 때 쇠고기만 사용하면 소스가 퍽퍽해져요. 돼지고기를 섞어 만들면 한결 부드러워집니다. 볶을 때는 돼지고기를 먼저 볶아주세요.

봉골레파스타 단백질+비타민+철분

재료
- 스파게티니 – 160g
- 바지락(또는 모시조개) – 300g
- 마늘 – 3쪽
- 화이트와인 – 80ml
- 다진 파슬리 – 1작은술
- 엑스트라버진 올리브유 – 4큰술

만들어 보세요
1. 조개는 해감을 빼고 깨끗이 씻는다.
2. 마늘은 칼등으로 으깨 다진다.
3. 달군 팬에 올리브유 3큰술을 두르고 약한 불에서 다진 마늘을 볶는다.
4. 향이 나면 조개를 넣고 뚜껑을 바로 덮어 살짝 익힌 다음 센불에서 뚜껑을 열고 화이트 와인을 부어 뚜껑을 연 상태로 잡냄새를 날린다.
5. 끓는 물에 소금을 조금 넣고 스파게티니를 6~7분간 삶는다. 스파게티면을 사용할 경우에는 8분간 삶는다. 파스타 삶은 물은 3큰술 정도 남겨둔다.
6. ④의 조개껍데기가 벌어지면 삶은 스파게티니와 다진 파슬리를 넣어 섞고 파스타 삶은 물을 3큰술 정도 넣어 간을 맞추면서 중간 불에서 버무린다. 마지막에 올리브유 1큰술을 넣어 버무린다.

콩닥맘의 요리 메모!
파스타는 물을 넉넉히 붓고 삶아야 해요. 물이 적으면 파스타의 녹말기로 인해 잘 끓지 않기 때문이에요. 소금은 물 1리터당 10~13g 정도가 적당합니다.

브로콜리그라탱

칼슘+단백질+비타민+엽산

재료
브로콜리 - 100g
크림소스 · 모차렐라피자치즈 - 1컵씩
파르메산치즈가루 - 1큰술
슬라이스체더치즈 - 2장
소금 · 후춧가루 - 조금씩

크림소스
생크림 - 1컵
우유 - ½컵
소금 - 조금

만들어 보세요
1. 브로콜리는 깨끗이 씻어 한 입 크기로 썬 다음 오븐 용기에 담고 소금, 후춧가루, 파르메산치즈가루를 뿌린다.
2. 달군 팬에 생크림과 우유를 넣고 끓여 농도가 걸쭉해지면 소금으로 간해 크림소스를 만든 다음 ①에 소스를 붓고 체더치즈를 올린다.
3. 모차렐라피자치즈를 넉넉히 덮고 250℃로 예열된 오븐에 넣어 치즈가 갈색으로 녹을 정도로 굽는다.

콩댁맘의 요리 메모!
오븐 용기는 입구가 좁은 것을 선택하세요. 모차렐라피자치즈로 입구를 완전히 덮으면 치즈가 녹으면서 공기가 차단돼 식감이 부드러운 찜 형태의 브로콜리그라탱을 만들 수 있어요.

연어크림파스타

칼슘+단백질

재료
- 스파게티 – 160g
- 훈제연어 – 100g
- 홍합 – 7개
- 마늘 – 3쪽
- 양파 – ¼개
- 생크림 – 400ml
- 화이트와인 – ½컵
- 파르메산치즈가루 – 1큰술
- 파슬리가루·소금·후춧가루 – 조금씩
- 올리브유 – 적당량

만들어 보세요
1 연어는 한 입 크기로 도톰하게 썰고, 홍합은 수염을 떼고 깨끗이 씻은 후 체를 받쳐 물기를 뺀다.
2 마늘은 칼등으로 으깨 다지고 양파도 다진다.
3 끓는 물에 소금을 조금 넣고 스파게티를 8분간 삶는다. 이때 스파게티 삶은 물을 조금 남겨둔다.
4 달군 팬에 올리브유를 두르고 다진 마늘을 볶다가 양파를 넣고 소금, 후춧가루로 간해 살짝 볶는다.
5 ④에 연어를 넣어 살짝 익을 정도로 볶다가 홍합, 화이트와인을 넣고 센 불에서 섞어 비린내를 날린다. 여기에 스파게티 삶은 물 3큰술을 넣고 뚜껑을 덮어 재료를 익힌다.
6 생크림과 파르메산치즈가루를 넣어 중약불에서 끓인 다음 소금, 후춧가루로 간한다. 여기에 삶은 스파게티를 넣고 파슬리가루를 넣어 버무린다.

콩닥맘의 요리 메모!
생크림을 넣은 뒤에는 센불로 요리하지 않도록 해요. 센불에서 바글바글 끓이면 크림이 분리되어 몽글몽글해진답니다. 소스의 농도는 살짝 묽은 정도가 좋아요. 불에서 내려 접시에 담으면 농도가 좀 더 걸쭉해지기 때문이지요.

미트볼스파게티

칼슘+단백질+비타민

재료

- 스파게티 — 300g
- 다진 돼지고기 — 200g
- 다진 쇠고기 — 200g
- 양송이버섯 — 3개
- 달걀흰자 — 1개분
- 콘플레이크 — 1컵
- 다진 마늘 — ½큰술
- 다진 양파 — ½개분
- 토마토소스 — 400g
- 청주 — 2큰술
- 파슬리가루·소금 — 1작은술씩
- 후춧가루 — 조금

만들어 보세요

1. 볼에 다진 돼지고기와 쇠고기를 담아 소금, 후춧가루, 청주, 파슬리가루를 넣고 골고루 섞어 치댄다.
2. 콘플레이크를 믹서에 넣고 간다.
3. 체에 거친 입자를 걸러 ①에 넣고 섞는다.
4. ③에 달걀흰자를 넣고 섞어 충분히 치댄 후 30분간 냉장고에서 휴지시킨다.
5. 반죽을 꺼내 먹기 좋은 크기로 동그랗게 빚는다.
6. 달군 팬에 기름 없이 중간 불에서 미트볼을 넣고 살살 굴리며 겉면을 익힌다.
7. 180℃로 예열한 오븐에 넣고 10분간 조리해 속까지 골고루 익힌다.
8. 달군 팬에 올리브유를 두르고 다진 마늘을 넣어 살짝 볶은 뒤 다진 양파를 넣어 볶는다. 향이 오르면 양송이버섯을 넣어 볶는다.
9. ⑧에 토마토소스를 붓고 골고루 섞어 끓인다. 끓어오르면 미트볼을 넣는다.
10. 끓는 물에 소금을 조금 넣고 스파게티를 8분간 삶아 물기를 뺀 다음 ⑨의 소스에 버무린다.

콩닥맘의 요리 메모!

미트볼 반죽을 만들 때 주로 빵가루를 넣는데, 콘플레이크를 갈아 넣으면 보다 차지고 고소한 고기 반죽을 만들 수 있어요. 반죽을 충분히 치대야 굽는 도중 미트볼이 갈라지는 것을 방지할 수 있지요. 스파게티는 미트볼을 완성하고 소스를 만들 때 삶기 시작하세요. 토마토소스를 직접 만들 경우 팬에 홀토마토를 으깨 넣고 소금, 설탕을 조금 넣어 양이 ⅔ 정도로 줄어들 때까지 졸이면 완성됩니다.

레몬팬케이크 칼슘+단백질+비타민

콩닥맘 Talk! Talk!

낮 시간 카페에 들르면 엄마와 아이가 함께 브런치를 즐기는 광경을 자주 볼 수 있죠. 저도 가끔 브런치 카페를 찾곤 하는데, 카페 팬케이크는 집에서 만드는 것보다 도톰하고 식감도 부드럽더-고요. 집에서도 카페 팬케이크 못지않은 식감과 맛을 즐길 수 있는 레시피를 알려드려요. 가족들과 엄마표 브런치를 즐겨보는 건 어떨까요.

재료

- 밀가루(중력분) – 120g
- 베이킹파우더 – 1작은술
- 달걀 – 3개
- 우유 – 200ml
- 레몬 – ½개
- 설탕 – 3큰술
- 메이플시럽 – 적당량
- 바나나·블루베리 – 적당량씩
- 소금 – 조금
- 버터(또는 식용유) – 조금

만들어 보세요

1. 밀가루와 베이킹파우더는 체에 두 번 내려 입자를 곱게 걸러 볼에 담고 설탕, 소금을 넣어 섞는다.
2. 달걀은 흰자와 노른자를 분리해 흰자는 냉장고에 넣어두고 노른자는 풀어 우유를 천천히 부어 섞는다.
3. 레몬 과육은 즙을 내고 껍질은 노란 부분만 제스터로 갈아 ②의 달걀 노른자에 레몬즙 ½작은술, 레몬제스트 1작은술을 넣어 섞는다.
4. 냉장고에 넣어둔 달걀흰자를 꺼내 거품기로 저어 풍성하게 거품을 올린다.
5. ③에 ①을 넣고 거품기로 섞은 뒤 ④의 거품을 두 번에 나눠 넣고 섞는다.
6. 팬을 달구고 약한 불로 줄인 뒤 버터나 식용유를 살짝 둘러 종이타월로 닦아낸다. 반죽을 한 국자 떠 넣어 기포가 생기고 익으면 뒤집어 반대쪽 면을 굽는다. 기호에 따라 메이플시럽이나 생크림, 바나나, 베리류 등을 곁들인다.

콩닥맘의 요리메모

팬케이크 사이에 바나나와 블루베리 등의 과일을 썰어 넣고 메이플시럽을 뿌려 켜켜이 쌓으면 더욱 먹음직스럽고 모양도 예쁜 요리가 완성됩니다.

케이준치킨샐러드 칼슘+단백질+비타민

콩닥맘 Talk! Talk!
가족과 함께 패밀리 레스토랑에 갈 때 은찬이를 위해 주문하는 메뉴가 바로 케이준치킨샐러드입니다. 바삭하고 담백한 케이준치킨과 달콤한 허니머스터드드레싱 때문에 평소 잘 먹지 않던 채소까지 맛있게 먹게 되는 메뉴죠.

재료
- 닭안심(또는 닭가슴살) – 200g
- 양상추 – ⅓통
- 케이준시즈닝 – 1큰술
- 빵가루 – 1컵
- 파슬리가루 – ½큰술
- 밀가루 – 2큰술
- 달걀 – 1개
- 물 – 조금
- 소금 – 조금
- 샐러드채소·방울토마토 – 적당량씩
- 식용유 – 적당량

허니머스터드드레싱
- 머스터드 – 1큰술
- 씨겨자 – ⅓큰술
- 꿀 – 2큰술
- 마요네즈 – 3큰술
- 레몬즙 – ½큰술
- 후춧가루 – 조금

만들어 보세요
1. 볼에 허니머스터드드레싱 재료를 모두 넣고 섞은 뒤 냉장고에 넣어 차게 둔다.
2. 닭안심에 케이준시즈닝과 소금을 넣고 버무려 재운다.
3. 볼에 빵가루와 파슬리가루를 넣고 물을 뿌려 골고루 섞는다.
4. 재운 닭고기에 밀가루, 달걀물, 빵가루 순서로 튀김옷을 입혀 170℃ 기름에 노릇하게 두 번 튀긴다.
5. 양상추와 샐러드채소, 방울토마토를 깨끗이 씻어 물기를 제거하고 먹기 좋은 크기로 잘라 접시에 담는다.
6. 튀긴 케이준치킨을 올려 먹기 직전에 드레싱을 뿌린다.

콩닥맘의 요리메모!
케이준시즈닝은 인터넷 쇼핑몰에서 쉽게 구입할 수 있는 재료입니다. 아이들이 먹어도 맵지 않도록 양을 적게 사용하면 패밀리 레스토랑에서 즐기는 케이준치킨 맛을 느낄 수 있어요. 시판 빵가루로 튀김 요리를 하면 속이 익기 전에 겉만 탈 수 있으니 빵가루에 물을 뿌려 축축하게 만들어 사용하세요.

1

2

3

4

5

6

과일요구르트샐러드 비타민+유산균

재료
사과 · 오렌지 · 바나나 · 키위 – 1개씩
딸기 – 5개
구운 땅콩(또는 아몬드분태) – 2큰술
드레싱
플레인요구르트 – 80g
아가베시럽 · 레몬즙 – 1큰술씩
생크림 – 2큰술

만들어 보세요
1. 볼에 드레싱 재료를 모두 고루 섞어 냉장고에 넣어둔다.
2. 오렌지는 껍질을 벗기고 사방 1.5cm 크기로 썬다. 키위는 껍질을 벗기고 사방 1cm 크기로 썬다.
3. 바나나는 둥근 모양을 살려 1cm 두께로 썬다. 사과는 6등분한 다음 사방 1.5cm 크기로 썬다.
4. 딸기는 꼭지를 떼고 2등분 한다.
5. 먹기 직전 구운 땅콩이나 아몬드분태를 뿌리고 과일과 드레싱을 버무리거나 과일 위에 드레싱을 뿌린다.

닭가슴살브로콜리파피요트

칼슘+단백질+비타민

재료
닭가슴살 – 200g
브로콜리 – ¼송이
방울토마토 – 7~8개
양파 – ½개
화이트와인 – 1큰술
파슬리가루·로즈메리 – 조금씩
소금·후춧가루 – 조금씩
올리브유 – 적당량

만들어 보세요

1 닭가슴살은 어슷하게 포를 뜨고 소금, 후춧가루로 밑간한다.
2 브로콜리는 작은 송이로 자르고 방울토마토는 꼭지를 떼고 2등분한다. 양파는 채 썬다.
3 달군 팬에 올리브유 1큰술을 두르고 브로콜리와 방울토마토, 양파를 넣어 소금, 후춧가루가루로 간한 뒤 재빨리 볶아 겉면만 살짝 익히고 불을 끈다.
4 종이포일을 오븐 팬의 2배 크기로 잘라 절반을 오븐 팬에 펼치고 ③의 채소를 올린다. 그 위에 밑간한 닭가슴살을 올린 뒤 올리브유와 화이트와인을 둥글게 둘러 뿌리고 파슬리가루와 로즈메리를 조금 올린다.
5 종이포일을 반으로 접어 스팀이 새어나가지 않도록 가장자리를 두세 번 단단히 고정하거나 달걀물을 발라 붙여 접은 다음 220℃로 예열한 오븐에 12분간 굽는다.

콩닥맘의 요리메모!

파피요트는 연기나 냄새를 풍기가며 팬이나 그릴에서 굽는 것이 아니라 종이포일 속에 생선이나 채소, 육류 등을 넣고 향과 즙을 가두어 익히는 요리입니다. 조리가 다 되어 봉지를 열었을 때 브로콜리, 토마토, 양파의 향이 그대로 담겨 있고, 부드럽고 촉촉하게 익은 닭가슴살을 채소즙에 적셔 먹는 맛이 일품이에요. 퍽퍽한 닭가슴살 요리는 이제 안녕~.

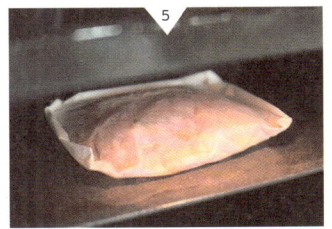

미니고구마핫도그

단백질+섬유질+탄수화물

재료

- 고구마(큰 것) - 1개
- 비엔나소시지 - 6개
- 생크림 - 3큰술
- 아가베시럽 - 1큰술
- 밀가루 - 2큰술
- 빵가루 - ½컵

반죽
- 밀가루(중력분) - 100g
- 우유 - 100ml
- 설탕 - 25g
- 무염버터 - 15g
- 달걀 - ½개분
- 소금 · 베이킹파우더 - ½작은술씩

만들어 보세요

1. 비엔나소시지는 뜨거운 물에 살짝 데치고 둘기를 제거한다.
2. 고구마는 껍질을 벗기고 깍둑썰기 한 다음 찜기나 전자레인지를 이용해 충분히 쪄낸다.
3. 찐 고구마가 뜨거울 때 으깨어 생크림과 아가베시럽을 넣고 섞는다.
4. 볼에 중력분과 베이킹파우더, 소금, 설탕, 우유, 달걀, 녹인 버터를 모두 넣고 거품기로 섞어 되직한 반죽을 만든다.
5. 소시지에 꼬치를 끼우고 밀가루를 가볍게 묻혀 ③의 고구마 반죽으로 감싼 뒤 ④의 반죽을 입힌다. 그 위에 빵가루를 묻혀 170℃ 기름에 노릇하게 튀긴다.

콩닥맘의 요리메모!

핫케이크가루를 이용하면 보다 간편하게 반죽을 만들 수 있어요. 반죽이 흘러내리지 않도록 되직하게 만들어야 핫도그 모양이 잘 잡혀요.

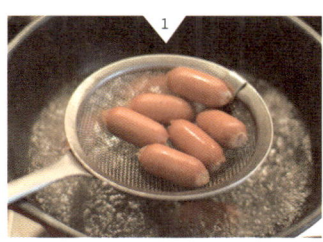

콘샐러드 비타민+섬유질

재료
옥수수통조림 – 1캔
셀러리 5cm – 1토막
붉은 파프리카 – ¼개
양파 – ⅛개

소스
마요네즈 – 3큰술
설탕·레몬즙 – ½큰술씩
소금 – ¼작은술
후춧가루 – 조금

만들어 보세요

1 셀러리는 잎을 떼고 줄기의 섬유질을 필러로 벗긴 뒤 사방 0.3cm 크기로 다진다. 양파와 파프리카도 같은 크기로 다진 다음 양파는 찬물에 잠시 담가 매운맛을 뺀다. 옥수수는 체를 받쳐 물기를 제거한다.
2 볼에 소스 재료를 모두 넣고 골고루 섞는다.
3 볼에 옥수수와 셀러리, 양파, 파프리카를 담고 소스를 넣어 버무린다.

코울슬로

칼슘+비타민+섬유질

재료
양배추 - 1/8통
당근 - 1/4개
아몬드슬라이스 - 2큰술

소스
마요네즈 - 2/3컵
설탕·사과식초 - 2큰술씩
머스터드 - 1큰술

만들어 보세요
1 당근은 깨끗이 씻어 최대한 가늘게 채 썬다. 양배추도 가늘게 채 썬 다음 얼음물에 담갔다 건져 물기를 제거한다.
2 소스 재료를 볼에 넣고 골고루 섞어 냉장고에 넣어둔다.
3 볼에 채 썬 당근과 양배추, 아몬드슬라이스를 넣고 ③의 소스로 버무린다.

> **종닥맘의 요리메모!**
> 기호에 따라 호두나 크랜베리 등 각종 견과류와 말린 과일을 넣으면 더욱 맛있고 영양가 높은 코울슬로를 맛볼 수 있어요.

리코타치즈

칼슘 + 단백질

재료
우유·생크림 - 500ml씩
플레인요구르트 - 85g
레몬즙 - 5큰술
소금 - ½큰술

만들어 보세요

1 레몬은 스퀴저를 이용해 즙을 낸다. 플레인요구르트에 레몬즙을 넣어 섞는다.
2 냄비에 우유와 생크림, 소금을 넣어 약한 불에서 끓지 않고 기포가 올라올 정도로만 데운다. 우유 위에 막이 생길 때쯤 ②를 넣고 우르르 끓지 않도록 주의하며 약한 불에서 50분 정도 조린다. 멍울이 생기고 치즈와 유청이 분리되면 불에서 내린다.
3 볼 위에 체를 올리고 삶은 면포를 두세 장 겹쳐 놓은 뒤 ⑤를 붓는다. 면포 모서리를 중앙으로 모아 덮어두고 한 시간 정도 그대로 둔다. 어느 정도 유청이 걸러지면 면포 모서리를 모아 즙을 짜내듯 살짝 돌린 뒤 냉장고에 보관한다. 부드러운 치즈를 원하면 4~5시간 정도 냉장고에 보관하고, 단단한 치즈를 만들려면 무거운 것을 올려 하루 동안 냉장고에 넣어둔다.

콩닥맘의 요리 메모!
리코타치즈는 로메인 등 각종 채소와 함께 발사믹드레싱, 오리엔탈드레싱 등을 곁들여 샐러드를 만들어 먹기에 좋아요. 여기에 견과류까지 뿌려 접시에 담아내면 맛과 모양 모두 카페 메뉴 부럽지 않은 리코타치즈샐러드를 완성할 수 있어요.

자몽젤리 비타민

재료
자몽 – 1개
설탕 – 35g
판젤라틴 – 2장

콩닥맘의 요리메모!
판젤라틴은 너무 뜨거운 액체에서는 굳는 성질이 없어지므로 자몽즙을 너무 뜨겁게 데우지 않도록 하세요. 자몽 대신 오렌지나 포도 등 다른 과일을 활용해도 좋아요.

만들어 보세요
1 자몽은 과육을 짜 즙을 낸다. 젤리에 자몽 과육을 넣어 굳히고 싶다면 과육 일부를 도려내고 나머지로 즙을 짠다. 판젤라틴은 찬물에 담가 격자무늬가 없어지고 4배로 불어날 때까지 불린다.
2 자몽즙을 냄비에 붓고 설탕을 넣어 약한 불에서 65℃ 정도가 될 때까지 데운 다음 불을 끈다.
3 불린 판젤라틴의 물기를 제거한 뒤 ③에 넣어 녹인다. 고운체에 내려 씨나 기타 과육을 거르고 용기에 담은 뒤 취향에 따라 도려낸 과육을 넣고 냉장실에서 충분히 굳힌다.

★ 공닥맘의 1주일 식단

1년 365일 매번 다른 밥상을 차린다는 건 불가능한 일이에요. 한 달 치 식단을 짜서 냉장고에 붙여두고 그대로 실천해보려 했지만 그것 역시 어렵더군요. 그래서 저는 1주일짜리 식단을 두 가지 종류로 짜두고 매주 번갈아 가며 은찬이 밥상을 차린답니다. 첫째·셋째 주는 식단 A, 둘째·넷째 주는 식단 B, 이렇게요. 요즘 제가 애용하는 식단을 소개합니다. 요리 이름 옆의 숫자는 레시피를 볼 수 있는 페이지입니다. 페이지가 적혀 있지 않은 밥이나 김치는 평소 집에서 먹는 요리를 이용하세요.

식단 A

	아침	점심	저녁
월	참치채소죽 56 두부멸치조림 62 배추김치	부드러운 채소밥전 22 매생이굴국 164 연근우엉볶음 88 무조림 110	현미밥 시금치나물 106 햄채소달걀말이 108 쇠고기장조림 116
화	멸치주먹밥 44 두부미나리무침 64 일본식 된장국 157	현미버섯밥전 24 바지락된장국 156 찹쌀탕수육 122	단호박호두밥 48 조갯살콩나물국 162 고사리나물 104 삼겹살찜과 영양부추샐러드 140
수	쇠고기주먹밥 44 들깨미역국 170 단무지무침 77 갈치살구이 147	뱅어포주먹밥 26 감자달걀국 160 팽이버섯전 112	발아현미밥 우족탕 174 마늘종마른새우볶음 100 어린이 깍두기 76
목	레몬팬케이크 204 브로콜리그라탱 198 콘샐러드 214	미트소스 스파게티 194 감자수프 188 코울슬로 215	발아현미치즈주먹밥 크로켓 20 시금치된장국 154 유자소스 갈치구이 147
금	치즈주먹밥 34 두부조림 66 감자채커리볶음 82 연근우엉볶음 88 배추김치	두부참치덮밥 32 시금치된장국 150 햄채소달걀말이 108 어린이 깍두기 76	파인애플치킨커리 36 호두땅콩조림 84 시금치나물 106 연근찹쌀구이 92
토	토마토스크램블 180 레몬팬케이크 204 콘샐러드 214	두부김밥 52 시래기멸치된장국 158 해물녹두전 126 어린이 깍두기 76	단호박새우볶음밥 46 뱅어포구이 69 목살달래구이 138 마늘종어묵볶음 98 배추김치
일	잡곡밥 들깨미역국 170 동그랑땡 143 유자청버섯채소볶음 74 배추김치	콩나물밥 30 쇠고기뭇국 166 팽이버섯전 112 굴비커리구이 144 단무지무침 77	하이라이스 38 우엉깨무침 94 두부미나리무침 64 갈치살구이 147 어린이 깍두기 76

식단 B

	아침	점심	저녁
월	발아현미밥 쇠고기뭇국 166 오징어파래전 113 감자채커리볶음 82	콩나물김밥 54 일본식 된장국 157 닭고기데리야키조림 133 굴튀김 151 어린이 깍두기 76	미트볼스파게티 202 웨지감자 186 콘샐러드 214 과일요구르트샐러드 208
화	현미찰밥 쇠고기미역국 168 호두땅콩조림 84 브로콜리멸치두부전 68	채소오믈렛 182 냉파스타 192 코울슬로 215 닭가슴살브로콜리파피요트 210	단호박호두밥 48 일본식 된장국 157 치즈롤돈가스 120 유자소스 갈치구이 147 콩나물무침 54
수	두부김밥 52 들깨미역국 170 햄채소달걀말이 108 표고탕수 125 어린이 깍두기 76	장조림김밥 54 감자달걀국 160 두부치즈구이 107 삼치강정 150 어린이 깍두기 76	연어크림파스타 200 케이준치킨샐러드 206 콘샐러드 214
목	흑미밥 시래기멸치된장국 158 감자조림 80 삼치강정 150 어린이 깍두기 76	발아현미치즈주먹밥 크로켓 20 바지락된장국 156 두부미나리무침 64 메추리알버섯장조림 118 배추김치	잡곡밥 우족탕 174 새우젓애호박볶음 70 미역줄기볶음 73 어린이 깍두기 76
금	치즈주먹밥 34 조갯살콩나물국 162 유자소스 갈치구이 147 단무지무침 77	토마토스크램블 180 감자수프 188 리코타치즈와 샐러드 216 자몽젤리 217	파인애플새우볶음밥 50 찹쌀탕수육 122 허브감자 81 어린이 깍두기 76
토	발아현미밥 조갯살콩나물국 162 브로콜리멸치두부전 68 레몬버터 가자미구이 146	봉골레파스타 196 과일요구르트샐러드 208 치즈스크램블 178	잡곡밥 시레기멸치된장국 158 굴튀김 151 연근우엉볶음 88 LA갈비구이 142
일	치즈주먹밥 34 바지락된장국 156 동그랑땡 143 시금치땅콩깨소스무침 102	나물밥김말이튀김 28 조갯살콩나물국 162 우엉조림 96 삼겹살된장구이 132 배추김치	잡곡밥 달래된장찌개 172 호두콩자반 86 브로콜리멸치 밥버무리 40 목살달래구이 138

바른 식습관 기르는 자극성 없는 아이 밥상
콩닥맘의 쑥쑥 성장 요리

ⓒ이미영, 2013

초판 1쇄 발행일 2013년 5월 30일
초판 5쇄 발행일 2014년 8월 18일

지은이 이미영
펴낸이 윤은숙
책임편집 이희원 팀장 | **디자인** ALL design group(02-776-9862)
마케팅 석철호 나다연 도한나 | **제작** 송세언 | **관리** 구법모, 엄철용

펴낸 곳 (주)느림보
등록일자 1997년 4월 17일
등록번호 제10-1432호
주소 경기도 파주시 회동길 198
전화 편집부 031-955-7383 영업부 031-955-7374
팩스 031-955-7393
홈페이지 www.nurimbo.co.kr

이 책의 글과 사진의 일부 또는 전부를 재사용하려면 반드시 저작권자와 (주)느림보 양측의 동의를 얻어야 합니다.
책값은 뒤표지에 있습니다.

ISBN 978-89-5876-162-4 13590

이 도서의 국립중앙도서관 출판시도서목록(CIP)은 e-CIP 홈페이지
(http://www.nl.go.kr/ecip)와 국가자료공동목록시스템(http://www.nl.go.kr/kolisnet)에서 이용하실 수 있습니다.
(CIP제어번호 : CIP2013006630)